Bibel lesen lernen

Teil 2

EX
OD
US

Anton Vogelsang LC

EXODUS
Umkehr und Heimkehr

CATHOLIC MEDIA

IMPRESSUM:

© 2018 Catholic Media,

Regnum-Christi-Initiativen e.V.
Justinianstraße 16, 50679 Köln
Tel. +49 (0) 221 880 439 - 0

E-Mail für Bestellungen:
bestellungen@catholicmedia.eu

E-Mail für allgemeine Anfragen:
catholicmedia@catholicmedia.eu

Webshop: www.catholicmedia.eu
ISBN 978-3-939977-35-3
1. Auflage, Oktober 2018

Umschlaggestaltung
und Layout: GF Werbepraxis, M. Grosse Frericks, Stadtlohn

Autor: Pater Anton Vogelsang LC

Übersetzung: Veronika Steiner

Vertrieb: Catholic Media, Regnum-Christi-Initiativen e.V.
Bestelladresse: Justinianstr. 16, 50679 Köln

Produktion: GF Werbepraxis, M. Grosse Frericks, Stadtlohn

Rechte: Alle Rechte vorbehalten. Kein Teil dieses Buches darf ohne schriftliche Zustimmung des Herausgebers in irgendeiner Form reproduziert, vervielfältigt, gespeichert, übertragen oder kommerziell genutzt werden, sei es elektronisch, mechanisch, in Fotokopie, auf Magnetdatenträgern oder in anderer Form.
© Catholic Media, Regnum-Christi-Initiativen e.V.
Justinianstraße 16, 50679 Köln

Bibliographische
Information: Die Deutsche Bibliothek verzeichnet diese Publikation in der Deutschen Nationalbibliothek.

INHALTSVERZEICHNIS:

EINFÜHRUNG 7

DIE BEFREIUNG AUS ÄGYPTEN

Die Handlung 18

Entwicklung der Charaktere 38

Auf den Spuren der wörtlichen Bedeutung von Exodus 1-15 49

    Israel im Sklavenstand 49

    Gott und der Pharao im Wettstreit 51

    Gott holt zum Gegenschlag aus 54

    Die Kraftprobe 56

    Der Sieg 63

    Das verhärtete Herz 67

    Die natürlichen Ursachen der Plagen 69

Auf den Spuren der geistlichen Bedeutung von Exodus 1-15 71

    Ein neuer Exodus 71

    Ein neuer Mose 77

    Ein neues Pascha 81

    Das neue Paschalamm 85

    Die Taufe 88

DER BUNDESSCHLUSS AM BERG SINAI

DIE HANDLUNG 92

ENTWICKLUNG DER CHARAKTERE 100

AUF DEN SPUREN DER WÖRTLICHEN BEDEUTUNG
VON EXODUS 15,22 – EXODUS 40 110

    Die Bundesschlüsse mit Mose 110

    Wie kommt ein Bund zwischen Gott und
    seinem Volk zustande? 111

    Der erneuerte Bund 115

AUF DEN SPUREN DER GEISTLICHEN BEDEUTUNG
VON EXODUS 15,22 – EXODUS 40 119

    Das neue Manna 119

    Das Offenbarungszelt 133

Danksagung

Dieses Buch habe ich sehr vielen Menschen mit zu verdanken. Menschen, die mehr über die Bibel wissen wollen, die in Fragen und Gesprächen ihre Sehnsucht nach mehr Verstehen der biblischen Heilsgeschichte mit mir geteilt haben. Ich danke Euch für Euren Wissensdurst, der mich beim Schreiben angespornt hat!

In großer Dankbarkeit bin ich auch denen verbunden, die mir bei der konkreten Umsetzung des Buches geholfen haben.

Besonders nennen möchte ich an dieser Stelle Elisabeth Albrecht, Kornelia Giebken, Anke Welzel und meinen Mitbruder P. Thomas Fox LC. Danke für unermüdliches Korrekturlesen, für Ideensammlung und Inspiration, für furchtloses Kritisieren und Aufdecken von manchen Stolpersteinen!

Pater Anton Vogelsang LC

Einführung

„Unkenntnis der Schriften ist Unkenntnis Christi."

(hl. Hieronymus)

Viele haben mich schon gefragt, wie man die Bibel richtig liest. Leider gibt es keine pauschale Anleitung dazu, die für jedermann geeignet ist. Es hängt stets davon ab, wer fragt und in welcher Situation derjenige sich befindet. Grundsätzlich gilt: Jeder, der mit der Bibel in Kontakt tritt, tritt in einen lebendigen Dialog mit Gott ein, der immer individuell verläuft und keine vorgefertigten Rezepte zulässt. Wer zum ersten Mal die Bibel liest, sollte mit den Evangelien beginnen. Diese vier Bücher des Neuen Testamentes bilden das Herzstück der Schrift. Mir persönlich gefällt das Evangelium nach Markus am besten. Es ist das kürzeste und lässt sich sehr leicht lesen.

Wer seinen Kompass im Dschungel der Bibel ausrichten möchte, dem soll die Reihe „Bibel lesen lernen" als Landkarte dienen, um Orientierung zu finden, vor allem durch Bindung an wesentliche und gesicherte Inhalte. Denn eines ist mir im Laufe meiner Reise durch die Bibel besonders klargeworden: Lässt man das Alte Testament außer Acht, wird einem auch das umfassende Verständnis für Jesus und seine Botschaften fehlen. Das ist nicht meine persönliche Meinung, es ist die Lehre der Kirche.

> *Im Übrigen will das Neue Testament auch im Licht des Alten Testamentes gelesen sein.* [1]

---

[1] Katechismus der Katholischen Kirche, Leipzig, 2007, Nr. 129. Im Folgenden zitiert als KKK.

Will man also die Bibel verstehen, kommt man um das Alte Testament nicht herum. Das folgende Beispiel aus dem ersten Kapitel des Markus-Evangeliums verdeutlicht das. Es berichtet von der Berufung der ersten Apostel.

> *Als Jesus am See von Galiläa entlangging, sah er Simon und Andreas, den Bruder des Simon, die auf dem See ihre Netze auswarfen; sie waren nämlich Fischer. Da sagte er zu ihnen: Kommt her, mir nach! Ich werde euch zu Menschenfischern machen. (Mk 1,16-17)* [2]

Was meinte Jesus mit „Menschenfischer"? Warum verlassen die Apostel sofort alles und folgen ihm nach? Um eine Antwort auf diese Fragen zu finden, muss man sich etwas in der Geschichte Israels auskennen. Im Alten Testament wird von ihr berichtet. So ist im zweiten Buch Samuel beschrieben, wie König David um das Jahr 1.000 v. Chr. sein Königreich mit Jerusalem als Hauptstadt gründete. Gott versprach David, dass sein Königreich für immer Bestand haben sollte. Einer seiner Söhne würde für immer auf dem Thron sitzen.

Anfang des 7. Jahrhunderts v. Chr. lag das Reich jedoch in Trümmern. Die Israeliten des Nordens waren 722 v. Chr. von den Assyrern überfallen und in die nördlichen Reiche verschleppt worden. Die Juden im Süden wurden 577 v. Chr. vom babylonischen Reich besiegt. Die Babylonier zerstörten Jerusalem und den Tempel. Sie nahmen dem König das Augenlicht, ermordeten seine Kinder und

---

[2] Wenn nicht anders vermerkt, stammen alle Bibelzitate aus: Einheitsübersetzung der Heiligen Schrift. Vollständig durchgesehene und überarbeitete Ausgabe, Stuttgart, 2016.

EINFÜHRUNG

verschleppten nahezu alle Juden nach Babylon.

Diese Ereignisse führten zu einer großen Glaubenskrise im Volk. Wie konnte all das geschehen? Hatte Gott David nicht versprochen, dass sein Reich für immer Bestand haben sollte? War Gott wirklich treu? Existierte er überhaupt?

Gott sandte als Antwort Propheten, um das Volk zu trösten und ihm seine Existenz und seinen Beistand wieder in Erinnerung zu rufen. Die Propheten erinnerten die Menschen daran, dass Gott ihre Vorfahren durch einen Exodus aus der Sklaverei in Ägypten errettet hatte. Gott ist treu!, so sprachen sie, und wenn er das Volk in der Vergangenheit gerettet habe, dann könne er es auch künftig wieder tun. Genau das sollte eines Tages durch einen neuen Exodus geschehen: Er würde die Israeliten aus ihrer Unterdrückung befreien und in das verheißene Land zurückführen. Wie sollte das geschehen?

Der Prophet Jeremia verkündete:

> *So wahr der HERR lebt, der die Söhne Israels aus dem Nordland und aus allen Ländern, in die er sie verstoßen hatte, heraufgeführt hat. Ich bringe sie zurück in ihr Heimatland, das ich ihren Vätern gegeben habe. Siehe, ich sende viele Fischer - Spruch des HERRN -, die sollen sie fischen. (Jer 16,15-16)*

Genau diese Prophezeiung sprach Jesus an, als er die Apostel rief und ihnen sagte: „Ich mache euch zu Menschenfischern." Damit sagte er auch, dass die Zeit der Erfüllung dieser Prophezeiungen gekommen sei. Er selbst ist der neue Mose, der das Volk durch einen neuen Exodus befreit. Wie jeder gläubige Jude zu dieser Zeit kannten auch die Apostel ihre Schriften. Sie wussten von der Geschichte ihrer Vorfahren und waren mit den Prophezeiungen vertraut. Sie verstanden wahrscheinlich sofort, was Jesus meinte, und waren daher bereit, alles zu verlassen und ihm zu folgen.

Die Christen der heutigen Zeit sind mit dem Alten Testament nicht so sehr vertraut. Wir überspringen es schnell, weil wir es für nicht so wichtig erachten. Die wenigen Wagemutigen, die den Versuch unternehmen, das Alte Testament von Anfang an zu lesen, geben es allzu oft wieder auf, weil sie es langweilig finden, von Gewalt und Sex genug haben oder einfach keinen Bezug zu ihrem Leben entdecken. So lesen viele heutzutage nur das Neue Testament. Das aber ist äußerst schade. Ohne das Alte Testament würde man nie erfahren, dass Markus in seinem Evangelium Jesus als den neuen Mose beschreibt, der das Volk in einen neuen Exodus führt. Und dieses Beispiel ist bei weitem kein Einzelfall. Nahezu jede Stelle in diesem Evangelium ist auf die eine oder andere Weise mit dem Alten Testament verknüpft. Warum lässt sich Jesus taufen? Warum wird er in der Wüste in Versuchung geführt? Warum heilt er einen Aussätzigen? Warum lehrt er in Gleichnissen? Warum vermehrt er Brot, um die Menschenmenge zu speisen? Warum zieht er in Jerusalem auf einem Esel ein? Warum verflucht er den Feigenbaum? Warum stirbt er am Kreuz?

Die Antworten auf all diese Fragen finden sich schon im Alten Testament. Wenn auch das Markus-Evangelium auf den ersten

Blick recht einfach erscheint, so ist es doch sehr tiefsinnig. Aber die ganze Tiefe geht dem modernen Leser verloren, wenn er das Alte Testament nicht kennt. Um es mit den Worten des heiligen Hieronymus zu halten: Unkenntnis des Alten Testamentes ist Unkenntnis Christi.

Mit der Buchreihe „Bibel lesen lernen" möchte ich dabei helfen, dieses Problem zu bewältigen. Ich möchte dazu motivieren, die gesamte Bibel zu lesen und sie zu verstehen. Der Schlüssel zum Verständnis ist folgender: Fassen Sie den Mut, die Bibel als eine zusammenhängende Geschichte zu lesen. Das wird im ersten Buch dieser Reihe „Genesis, ein Krimi mit Folgen" näher erklärt.[3] Im Folgenden eine kurze Zusammenfassung.

Weil die Bibel eine zusammenhängende Geschichte erzählt, sollte man sie wie einen Roman lesen, also von Anfang bis zum Ende. In Romanen entfalten sich die Charaktere, Motive und Handlungen im Verlauf der ganzen Erzählung. Auf ähnliche Weise entfaltet sich die biblische Botschaft durch die gesamte Bibel hindurch.

Das vorliegende Buch ist eine Ausführung zum zweiten Buch der Bibel, dem Buch Exodus. Zum besseren Verständnis habe ich es in zwei Teile geteilt: Der erste Teil beginnt mit der Sklaverei der Israeliten in Ägypten und endet mit der Befreiung und dem Durchzug durch das Rote Meer. Im zweiten Teil führt Mose das Volk zum Berg Sinai, wo Gott mit ihm einen Bund schließt.

---

[3] Vogelsang, Anton: Genesis. Ein Krimi mit Folgen, Köln, 2017.

Jedem dieser Teile ist ein Kapitel gewidmet. Jedes Kapitel enthält wiederum vier Abschnitte. Der erste vermittelt durch eine kurze Zusammenfassung einen Überblick über die Geschichte des Volkes, der zweite betrachtet die Entwicklung der wichtigsten Charaktere. Was lernen wir über Gott? Wie wächst das Volk Israel? Im dritten und vierten Abschnitt wird der wörtliche und geistliche Sinn des Textes betrachtet.

Was bedeutet wörtlicher und geistlicher Sinn? Im ersten Schritt zum Verständnis eines Textes sollte man herausfinden, was der Autor mit den Worten, die er verwendet, genau sagen will. Das ist der wörtliche Sinn: Die Bedeutung der Worte, die die menschlichen Schreiber bewusst gewählt haben. Bei einigen Büchern ist es recht einfach, diesen Sinn zu begreifen, aber was die Bibel betrifft, gestaltet sich das schon schwieriger. Es ist mühevoll und zeitaufwendig, sie zu verstehen, und selbst Bibelexperten sind oft unterschiedlicher Meinung. Man darf dabei auch nicht vergessen, dass die Bibel vor mehreren tausend Jahren in alten Sprachen wie Althebräisch und Altgriechisch verfasst wurde. Diese sogenannten „toten" Sprachen gibt es nicht mehr. So sind viele Wörter und Sätze in der Schrift unverständlich, und man kann keine passenden Wörterbücher zurate ziehen. Da die Eindeutigkeit oft verlorengeht, können dann nur Mutmaßungen angestellt werden.

Doch nicht nur die alten Sprachen bereiten Schwierigkeiten. Die Kulturen, in denen die Bibel geschrieben wurde, unterscheiden sich drastisch von den heutigen. Man muss sich also in die Menschen hineinversetzen, wie sie damals sprachen und schrieben, welche Redewendungen sie benutzten usw. Außerdem müssen die literarischen Gattungen in der Bibel berücksichtigt werden. Was wollten die Verfasser sagen? Beschreiben sie ein historisches Ereignis? Wollten sie durch ein Gleichnis auf etwas Bestimmtes hinweisen? Drückten sie durch ein Gedicht ihre Gefühle aus? Das alles muss berücksichtigt werden, will man die Bedeutung der Worte richtig verstehen.

Trotz dieser vielfältigen Faktoren ist Gott der eigentliche Verfasser der Bibel. Dank seiner Inspiration gewinnen die im Alten Testament geschilderten Ereignisse und Sachverhalte eine tiefe geistliche Bedeutung. Darunter fällt, was die Theologen den Typos nennen. Ein Typos ist ein Ereignis im Alten Testament, das auf eine geistliche Wahrheit hinweist, die Christus im Neuen Testament zur Vollendung bringt. Ein gutes Beispiel ist der Durchzug durch das Rote Meer, wie auch der Katechismus der katholischen Kirche es lehrt:

> *So ist der Durchzug durch das Rote Meer ein Zeichen des Sieges Christi und damit der Taufe.*
> (KKK 117)

Diesen Durchzug hielt der Verfasser schriftlich fest, um von einem Ereignis zu berichten, durch das die Israeliten endgültig von der ägyptischen Sklaverei befreit wurden. Das ist der wörtliche Sinn. Doch als Typos weist der Durchzug durch das Rote Meer auf die geistliche Bedeutung eines zukünftigen Ereignisses im Neuen Testament hin: unsere Taufe. Israel wurde von der Knechtschaft erlöst, als es durch das Wasser des Roten Meeres zog, wir werden durch das Wasser der Taufe aus der geistlichen Sklaverei der Sünde errettet.

Das Alte Testament steckt voller solcher *Typoi*. Sie sind wichtig, denn sie helfen uns, das Neue Testament zu verstehen. Wenn die Verfasser des Buches Exodus nicht von dem Durchzug durch das Rote Meer berichtet hätten, dann wäre es äußerst schwierig, die umfassende Bedeutung der Taufe zu verstehen. Deshalb muss das Neue Testament im Licht des Alten Testamentes gelesen werden.

Was bisher geschah

Da das Buch Exodus eine Fortsetzung des Buches Genesis ist, soll hier eine kurze Zusammenfassung von Genesis folgen. Es beginnt mit dem Schöpfungsbericht. Die Bibel liefert hier keine wissenschaftliche Erklärung darüber, wie Gott die Welt erschaffen hat. Sie erklärt vielmehr, warum Gott uns schuf. Kurz und salopp gesagt: Gott möchte uns zu seiner Familie machen, indem er uns „heiratet", einen Ehebund mit uns eingeht. In den alten Kulturen zur Zeit der Bibel wurden Familien durch einen Bundesschluss gegründet. Das gilt auch noch heute für die Eheschließung. Sie ist eine Art Bundesschluss, durch den Mann und Frau eine Familie gründen. Doch in den alten Kulturen ging das Konzept des Bundes viel weiter. Familien, Stämme, ja, ganze Völker wurden durch einen Bund vereint. Die Geschichte der Bibel erzählt, wie Gott uns zu seiner Familie macht, indem er eine ganze Reihe von Bundesschlüssen mit uns vollzieht.

Zunächst schloss Gott einen Bund mit Adam und Eva. Als sie, von der Schlange verführt, den Bund brachen, verloren sie seine Gemeinschaft. Aber Gott verließ sie nicht. Er nahm sich ihrer an und versprach ihnen einen Nachkommen, der den Kopf der Schlange zertreten würde. Dieser Retter war Jesus. Der Sieg sollte jedoch nicht leicht zu erringen sein. Der Erlöser zertritt der Schlange den Kopf, so heißt es, sie aber trifft ihn an der Ferse. Das ist ein Hinweis auf den Tod Jesu.

Die Erlösungsgeschichte nahm ihren Anfang, als Gott Abraham rief und einen Bund mit ihm schloss. Gott versprach ihm drei Dinge: (1) Seine Nachfahren werden ein Land bekommen, (2) Abraham wird zahlreiche Nachkommen haben, und einer von ihnen wird ein Königreich gründen (König David), (3) durch einen weiteren Nachkommen Abrahams (Jesus) wird Gott allen Völkern Segen schenken. Er wird die Völker aus der Sünde befreien und so seine Verheißung an Adam und Eva erfüllen.

Diese drei Versprechen bilden die Grundstruktur der weiteren biblischen Geschichte, die davon erzählt, wie Gott seine Versprechen erfüllt. Vom Buch Exodus bis zum Buch Josua wird von der Landnahme der Israeliten berichtet, wodurch sich Gottes erstes Versprechen erfüllt. Vom Reich Davids erzählen das erste und zweite Buch Samuel, die beiden Königsbücher und die beiden Bücher der Chronik. In den Evangelien des Neuen Testamentes löst Gott sein drittes Versprechen ein, allen Völkern Segen zu schenken. Soweit zur Geschichte der Bibel.

Zurück zum Buch Genesis, das mit den Geschehnissen um Abrahams Familie fortfährt. Abraham und Sarah hatten einen Sohn namens Isaak, der wiederum bekam zwei Söhne: Esau und Jakob. Von Jakobs zwölf Söhnen war ihm Josef der liebste. Seine eifersüchtigen Brüder verkauften ihn an Sklavenhändler, die ihn nach Ägypten brachten. Gott aber verließ ihn nie in dieser Notlage und segnete ihn. So konnte Josef die Träume des Pharaos deuten und ihm mitteilen, dass es sieben Jahre großen Wohlstandes geben würde, auf die dann eine sieben Jahre lange Hungersnot folgen sollte. Der Pharao übergab ihm daraufhin die Verantwortung für die Vorratshaltung und die Verteilung der Lebensmittel.

Infolge der Hungersnot kam auch Josefs Familie nach Ägypten, um Nahrungsmittel zu kaufen. Zuerst erkannten sie ihren Bruder nicht, aber schließlich gab sich dieser zu erkennen. Die Familie war wieder vereint! Jakob siedelte mit seiner ganzen Gefolgschaft nach Ägypten über. Dort lebten sie unter dem Schutz des Pharaos, der wiederum Josef in Dankbarkeit zugetan war, weil dieser die Ägypter vor dem Hunger bewahrt hatte.

Das Buch Exodus setzt die Erzählung 400 Jahre später fort.

KAPITEL

1

DIE BEFREIUNG AUS ÄGYPTEN

DIE BEFREIUNG AUS ÄGYPTEN

DIE HANDLUNG

Das Buch Exodus beginnt seine Erzählung mit einer Rückkoppelung an das Ende des Buches Genesis.

> *Das sind die Namen der Söhne Israels, die nach Ägypten gekommen waren - mit Jakob waren sie gekommen, jeder mit seiner Familie: Ruben, Simeon, Levi, Juda, Issachar, Sebulon, Benjamin, Dan, Naftali, Gad und Ascher. Es waren siebzig Personen; sie alle stammten von Jakob ab. Josef aber war bereits in Ägypten. Josef, alle seine Brüder und seine Zeitgenossen waren gestorben. Aber die Söhne Israels waren fruchtbar, sodass das Land von ihnen wimmelte. Sie vermehrten sich und wurden überaus stark; sie bevölkerten das Land.*
> *(Ex 1,1-7)*

Die Geschichte des Buches Genesis endet mit der Umsiedelung Jakobs, seiner Familie und seiner Gefolgschaft, etwa siebzig Personen, nach Ägypten. Das Buch Exodus nimmt die Erzählung über die Nachkommenschaft Jakobs etwa 400 Jahre[4] später wieder auf.

Die Erzählung macht sofort deutlich, dass Gott eines seiner Versprechen an Abraham eingelöst hat: Er hat ihn wirklich zum Vater eines großen Volkes gemacht.[5] Aber damit ist noch längst nicht

---

[4] „Der Aufenthalt der Israeliten in Ägypten dauerte vierhundertdreißig Jahre." (Ex 12,40)
[5] „Ich werde dich zu einem großen Volk machen." (Gen 12,2)

alles gut. Wer diese Geschichte aufmerksam gelesen hat, fragt sofort nach den anderen Versprechen Gottes. Was z.B. ist mit dem verheißenen Land?[6] Die Israeliten sind Fremde, das Land gehört ihnen nicht. Daher besitzen sie, wie es dem Brauch damals entsprach, keine Rechte. Sie sind das Eigentum des Pharao, der mit ihnen machen kann, was er will.

> *In Ägypten kam ein neuer König an die Macht, der Josef nicht gekannt hatte. Er sagte zu seinem Volk: Seht nur, das Volk der Israeliten ist größer und stärker als wir. Gebt Acht! Wir müssen überlegen, was wir gegen es tun können, damit es sich nicht weiter vermehrt. Wenn ein Krieg ausbricht, könnte es sich unseren Feinden anschließen, gegen uns kämpfen und aus dem Lande hinaufziehen. Da setzte man Fronvögte über es ein, um es durch schwere Arbeit unter Druck zu setzen. Es musste für den Pharao die Städte Pitom und Ramses als Vorratslager bauen. Je mehr man es aber unter Druck hielt, umso stärker vermehrte es sich und breitete sich aus. Da packte sie das Grauen vor den Israeliten. Die Ägypter gingen hart gegen die Israeliten vor und machten sie zu Sklaven. Sie machten ihnen das Leben schwer durch harte Arbeit mit Lehm und Ziegeln und durch alle möglichen Arbeiten auf den Feldern. So wurden die Israeliten zu harter Sklavenarbeit gezwungen. (Ex 1,8-14)*

---

[6] „Deinen Nachkommen gebe ich dieses Land." (Gen 15,18)

Die Befreiung aus Ägypten

Was war mit dem Versprechen Gottes, sie zu segnen?[7] In ihrer Situation als Sklaven konnten sich die Israeliten wohl kaum als gesegnetes Volk verstehen. Das Buch Exodus und die nachfolgenden vier Bücher der Bibel geben Antwort auf diese Fragen.[8] Gott wird das Volk aus der Knechtschaft befreien und es aus Ägypten herausführen. Er wird einen neuen Bund mit ihm schließen und es zu einem heiligen Volk erheben. Obwohl die Menschen untreu und sündig sind, wird Mose sie zum Gelobten Land führen, das sie unter der Führung seines Nachfolgers Josua erobern. Auf diese Weise wird Gott alle seine Verheißungen wahrmachen. So heißt es auch am Ende des Buches Josua:

> *So gab der HERR Israel das ganze Land, das er ihren Vätern mit einem Eid zugesichert hatte. Sie nahmen es in Besitz und wohnten darin. Und der HERR verschaffte ihnen Ruhe ringsum, genauso, wie er es ihren Vätern mit einem Eid zugesichert hatte. Keiner von all ihren Feinden konnte ihnen Widerstand leisten; alle ihre Feinde gab der HERR in ihre Hand. Keine von all den Zusagen, die der HERR dem Haus Israel gegeben hatte, war ausgeblieben; jede war in Erfüllung gegangen. (Jos 21,43-45)*

> *Ihr aber sollt mit ganzem Herzen und ganzer Seele erkennen, dass von all den Zusagen, die der HERR, euer Gott, euch gegeben hat, keine einzige aus-*

---

[7] „Ich [will] dir Segen schenken [...]. Deine Nachkommen werden das Tor ihrer Feinde einnehmen." (Gen 22,17)

[8] Gemeint sind die Bücher Levitikus, Numeri und Deuteronomium, die mit den ersten beiden Büchern Genesis und Exodus zu den fünf Büchern Mose (Pentateuch) gezählt werden, sowie das Buch Josua. Letzteres ist zwar nicht Teil des Pentateuch, bildet mit diesem aber eine literarische Einheit. Es berichtet vom Einzug der Israeliten in das Gelobte Land.

geblieben ist; alle sind sie für euch eingetroffen, keine einzige von ihnen ist ausgeblieben. (Jos 23,14)

Nun aber zurück zur Geschichte: Obwohl durch harte Arbeit unterdrückt, wächst das Volk Israel und wird immer größer. Der Pharao beginnt es als Bedrohung zu fürchten. Seine Reaktion? Er entwickelt einen Plan der Vernichtung: Auf seinen Befehl hin müssen die Hebammen, die den hebräischen Frauen bei der Geburt eines Kindes beistehen, jeden neugeborenen Jungen töten. Die Mädchen dürfen am Leben bleiben, weil sie keine so große Gefahr darstellen und leichter in die ägyptische Gesellschaft integrierbar sind. Der Plan aber scheitert an den Hebammen, weil sie die Ausführung des Befehls verweigern. Daraufhin erlässt der Pharao einen neuen Befehl: „Alle Knaben, die den Hebräern geboren werden, werft in den Nil! Die Mädchen dürft ihr alle am Leben lassen" (Ex 1,22).

Das zweite Kapitel berichtet von Moses Geburt und wie seine Mutter ihm das Leben rettet. Als sie den Jungen nicht mehr länger verstecken kann, legt sie ihn in einen Korb[9], den sie dann im Schilf am Ufer des Nils verbirgt. Dort findet die Tochter des Pharao das Kind. Sie adoptiert ihn und gibt ihm den Namen Mose, das bedeutet: Ich habe ihn aus dem Wasser gezogen.

Die nächsten vierzig Jahre lebt Mose am Hof des Pharao, aber er vergisst seine Herkunft nicht. Er bleibt mit seinem Volk in

---

[9] Das hebräische Wort für Korb lautet „tebah". Es ist dasselbe Wort, mit dem die Arche Noachs bezeichnet wird. Obwohl in Form und Bauweise sehr unterschiedlich, besteht doch eine Verbindung zwischen beiden: Beide waren mit Pech bestrichen, damit sie nicht untergehen. Gott bediente sich ihrer (der „tebah"), um die Insassen vor dem Ertrinken zu retten. Sowohl Noach als auch Mose wurden durch das Wasser gerettet. Im Neuen Testament wird der Mensch durch das Wasser der Taufe gerettet.

DIE BEFREIUNG AUS ÄGYPTEN

Verbindung. Eines Tages – er besucht gerade seine Verwandten – beobachtet er, wie ein Ägypter einen seiner hebräischen Brüder schlägt. Weil Mose sich unbeobachtet wähnt, erschlägt er den Ägypter und vergräbt ihn im Sand. Es gibt jedoch einen Zeugen der Tat, und so gerät Mose in Gefahr. Er flieht in die Wildnis an einen Ort namens Midian.

Für jemanden, der am Hof des Pharao groß geworden ist, muss das Leben in der Wildnis sehr beschwerlich sein. Aber es ist auch segensreich für Mose. Er heiratet Zippora, die Tochter Jitros, des Priesters von Midian, und gründet eine Familie. Er arbeitet für seinen Schwiegervater und hütet dessen Schafe. Die Überlebenskünste, die er sich in der Wüste aneignet, werden ihm nach dem Auszug aus Ägypten sehr zugute kommen.

Im dritten Kapitel erscheint Gott dem Mose. Dieser hütet eine Schafherde in der Wildnis, als er auf etwas äußerst Ungewöhnliches aufmerksam wird: Ein Busch brennt, ohne zu verbrennen. Neugierig geworden, nähert sich Mose, um herauszufinden, was da vor sich geht. In diesem Moment spricht Gott ihn an.

> *Als der HERR sah, dass Mose näher kam, um sich das anzusehen, rief Gott ihm mitten aus dem Dornbusch zu: Mose, Mose! Er antwortete: Hier bin ich. Er sagte: Komm nicht näher heran! Leg deine Schuhe ab; denn der Ort, wo du stehst, ist heiliger Boden. Dann fuhr er fort: Ich bin der Gott deines Vaters, der Gott Abrahams, der Gott Isaaks und der Gott Jakobs. (Ex 3,4-6)*

Gott sagt ihm, er wisse um das Leiden seines Volkes, er habe es gesehen und sein Schreien gehört. Deswegen habe er beschlossen, es zu retten und in das Land zu führen, „in dem Milch und Honig fließen" (Ex 3,8). Er sendet Mose zurück zum Pharao mit dem Auftrag, die Israeliten aus Ägypten herauszuführen. Er soll den Pharao auffordern, das Volk ziehen zu lassen.

> *Und jetzt geh! Ich sende dich zum Pharao. Führe mein Volk, die Israeliten, aus Ägypten heraus!*
> *(Ex 3,10)*

Mose hat einige Bedenken: Er sei denkbar ungeeignet für diese Aufgabe:

> *Wer bin ich, dass ich zum Pharao gehen und die Israeliten aus Ägypten herausführen könnte?*
> *(Ex 3,11)*

Gott sichert ihm aber seine Begleitung zu: „Ich bin mit dir" (Ex 3,11). Damit bringt er zum Ausdruck, dass seine Anwesenheit wichtiger ist als unser eigenes Können.

Mose zweifelt weiterhin, sein „Mund und [seine] Zunge sind nämlich schwerfällig" (Ex 4,10). Es ist nicht ganz klar, was damit gemeint ist. Vielleicht war Mose Stotterer oder hatte einen Sprachfehler. Gott jedenfalls verliert – menschlich gesprochen – langsam die Geduld: „Wer hat dem Menschen den Mund gegeben und wer macht taub oder stumm, sehend oder blind? Doch wohl ich, der HERR!" (Ex 4,11). Aber er gesteht Mose eine weitere

Die Befreiung aus Ägypten

Hilfe zu und erlaubt seinem Bruder Aaron, in seinem Namen zu reden.

Mose fürchtet sich immer noch und wirft ein, die Israeliten würden ihm nicht glauben:

> *Mose antwortete: Was aber, wenn sie mir nicht glauben und nicht auf mich hören, sondern sagen: Der HERR ist dir nicht erschienen? (Ex 4,1)*

Um Moses Glaubwürdigkeit zu stärken, befähigt Gott ihn zu einigen Wundern. Dennoch bittet er Gott, ihm seinen Namen zu offenbaren. Hier haben wir eine der wichtigsten Aussagen des Alten Testamentes.

> *Da sagte Mose zu Gott: Gut, ich werde also zu den Israeliten kommen und ihnen sagen: Der Gott eurer Väter hat mich zu euch gesandt. Da werden sie mich fragen: Wie heißt er? Was soll ich ihnen sagen? Da antwortete Gott dem Mose: Ich bin, der ich bin. Und er fuhr fort: So sollst du zu den Israeliten sagen: Der Ich-bin hat mich zu euch gesandt. Weiter sprach Gott zu Mose: So sag zu den Israeliten: Der HERR, der Gott eurer Väter, der Gott Abrahams, der Gott Isaaks und der Gott Jakobs, hat mich zu euch gesandt. Das ist mein Name für immer und so wird man mich anrufen von Geschlecht zu Geschlecht. (Ex 3,13-15)*

Weiterhin sagt Gott zu Mose:

> *Geh, versammle die Ältesten Israels und sag ihnen: Der HERR, der Gott eurer Väter, der Gott Abrahams, Isaaks und Jakobs, ist mir erschienen und hat mir gesagt: Ich habe sorgsam auf euch geachtet und habe gesehen, was man euch in Ägypten antut. Da habe ich gesagt: Ich will euch aus dem Elend Ägyptens hinaufführen in das Land der Kanaaniter, Hetiter, Amoriter, Perisiter, Hiwiter und Jebusiter, in ein Land, in dem Milch und Honig fließen.*
> *(Ex 3,16-17)*

Gott gibt Mose noch eine Warnung mit auf den Weg: Der Pharao werde sich nicht so leicht umstimmen und die Israeliten ziehen lassen. Wenn er sie dann aber endlich freigebe, werde er, Gott, dafür sorgen, dass die Ägypter ihnen wohlgesonnen seien und sie für ihren Auszug mit Silber, Gold und Gewändern ausstatten würden. Auf diese Weise werde das Volk nicht mit leeren Händen fortziehen.

Mose kehrt nach Ägypten zurück und spricht mit seinem Volk. Sie glauben ihm und so tritt er gemeinsam mit Aaron vor den Pharao. Dieser schenkt ihnen leider keinen Glauben.

> *Der Pharao erwiderte: Wer ist der HERR, dass ich auf ihn hören und Israel ziehen lassen sollte? Ich kenne den HERRN nicht und denke auch nicht daran, Israel ziehen zu lassen. Da sagten sie: Der Gott der Hebräer ist uns begegnet und jetzt wollen wir drei Tages-*

> märsche weit in die Wüste ziehen und dem HERRN,
> unserem Gott, Schlachtopfer darbringen, damit er
> uns nicht mit Pest oder Schwert straft. Der König von
> Ägypten entgegnete ihnen: Warum, Mose und
> Aaron, wollt ihr die Leute zum Nichtstun verleiten?
> Fort mit euch, tut euren Frondienst! (Ex 5,2-4)

Der Pharao denkt, die Israeliten seien lediglich faul. Deswegen erhöht er ihre Arbeitslast. Er beschließt, ihnen nicht mehr das Stroh für die Herstellung der Ziegelsteine zur Verfügung zu stellen. Sie müssen es nun selber sammeln und trotzdem die gleiche Menge Ziegelsteine abliefern. Die Israeliten sind wütend auf Mose, denn jetzt sind sie schlimmer dran als zuvor.

> Als sie vom Pharao kamen, stießen sie auf Mose
> und Aaron, die ihnen entgegenkamen. Die Listen-
> führer sagten zu ihnen: Der HERR soll euch erschei-
> nen und euch richten; denn ihr habt uns beim
> Pharao und seinen Dienern in Verruf gebracht und
> ihnen ein Schwert in die Hand gegeben, mit dem
> sie uns umbringen können. (Ex 5,20-21)

Im siebten Kapitel wird berichtet, dass Mose und Aaron wieder zum Pharao gehen und die Wunderzeichen vorführen, zu denen Gott sie befähigt hat. Aaron wirft seinen Stab auf den Boden, der sich augenblicklich in eine Schlange verwandelt. Der Pharao hört nicht auf sie, da seine Wahrsager dasselbe vollbringen. Sein Herz ist verhärtet. So wird er gezwungen, das Volk ziehen zu lassen, weil Gott daraufhin die Ägypter mit zehn Plagen straft.

DIE HANDLUNG

> *Der HERR sprach zu Mose: Hiermit mache ich dich für den Pharao zum Gott; dein Bruder Aaron soll dein Prophet sein. Du sollst alles sagen, was ich dir auftrage; dein Bruder Aaron soll es dem Pharao sagen und der Pharao muss die Israeliten aus seinem Land fortziehen lassen. Ich aber will das Herz des Pharao verhärten und dann werde ich meine Zeichen und Wunder im Land Ägypten häufen. Der Pharao wird nicht auf euch hören. Deshalb werde ich meine Hand auf Ägypten legen und mit gewaltigen Entscheiden meine Scharen, mein Volk, die Israeliten, aus Ägypten führen. (Ex 7,1-4)*

Die Schwere der Plagen steigert sich von Mal zu Mal. Die ersten Plagen sind lediglich Unbequemlichkeiten, die das Leben der Ägypter erschweren und ungemütlich machen. Die erste Plage verwandelt das Wasser des Nils in Blut. Die Fische sterben, das Wasser stinkt und ist ungenießbar geworden. Die Ägypter graben deshalb in der Nähe des Nils nach Trinkwasser, aber keinem stößt etwas Schlimmes zu. Die zweite Plage überschwemmt das Land mit Fröschen. Auch dieses Mal wird dadurch das Leben beschwerlicher, aber niemand stirbt. Außerdem können Pharaos Wahrsager mit ihren Zauberkünsten dieselben Plagen hervorrufen, so dass der Pharao Mose nicht ernst nimmt.

Doch die Plagen steigern sich immer mehr. Mit der dritten Plage werden die Menschen von Stechmücken belästigt.[10] Diese Plage können die ägyptischen Wahrsager nicht nachahmen. Zum

---

[10] „Die Stechmücken saßen auf Mensch und Vieh." (Ex 8,14)

DIE BEFREIUNG AUS ÄGYPTEN

ersten Mal können sie nicht mit Gott mithalten und sie erkennen, dass eine größere Macht am Werk ist. Sie sagen: „Das ist der Finger Gottes" (Ex 8,15 EÜ 1980)[11]. Trotzdem bleibt das Herz des Pharao hart. Er verweigert den Israeliten weiterhin den Auszug.

Stechmücken können sehr lästig sein, aber mit der vierten Plage kommt mit dem Ungeziefer noch Schlimmeres: „Das Land erlitt durch das Ungeziefer schweren Schaden" (Ex 8,20 EÜ 1980). Nur die Ägypter leiden unter dieser Plage, Gottes Volk bleibt verschont. Von diesem Zeitpunkt an unterscheidet Gott zwischen den Israeliten und den Ägyptern und behandelt sie unterschiedlich. Der Pharao lässt das Volk endlich ziehen, aber unter der Bedingung, dass sie nicht zu weit weg gehen und für ihn beten. Bald jedoch ändert er wieder seine Meinung.

Während der fünften Plage geht „alles Vieh der Ägypter ein, vom Vieh der Israeliten aber ging kein einziges Stück ein" (EX 9,6 EÜ 1980). In der sechsten Plage bilden „sich an Mensch und Vieh Geschwüre mit aufplatzenden Blasen" (Ex 9,10 EÜ 1980). Diese Plage befällt sogar die ägyptischen Wahrsager, die Israeliten aber bleiben verschont.

Die Schwere der Strafen Gottes steigert sich weiter in der siebten Plage. Zum ersten Mal sterben Ägypter direkt durch die Plage:

Schwerer Hagel prasselte herab und in den sehr schweren Hagel hinein zuckten Blitze. Ähnliches

---

[11] Um Missverständnisse zu vermeiden, wird aus der Einheitsübersetzung, Stuttgart, 1980 zitiert, solange von den zehn Plagen die Rede ist. Die revidierte Einheitsübersetzung 2016 spricht nämlich nicht von Plagen, sondern von Zeichen und zählt diese auf eine andere Weise.

> *hatte es im ganzen Land der Ägypter noch nicht gegeben, seit sie ein Volk geworden waren. Der Hagel erschlug in ganz Ägypten alles, was auf dem Feld war. Menschen, Vieh und alle Feldpflanzen erschlug der Hagel und alle Feldbäume zerbrach er.*
> *(Ex 9,24-25 EÜ 1980)*

In dem Gebiet der Israeliten gab es keinen Hagel. Der Pharao wankt in seinem Entschluss. Er will das Volk ziehen lassen, wenn Mose dem Hagel Einhalt gebietet. Das tut Mose. „Doch als der Pharao sah, dass Regen, Hagel und Donner aufgehört hatten, blieb er bei seiner Sünde; er und seine Diener verschlossen wieder ihr Herz. Das Herz des Pharao blieb hart, und er ließ die Israeliten nicht ziehen" (Ex 9,34-35 EÜ 1980).

Als Mose mit der achten Plage die Heuschrecken ankündigt, bitten die Diener den Pharao, doch endlich nachzugeben und das Volk ziehen zu lassen. Er stimmt zu, Frauen und Kinder aber sollen zurückgelassen werden. Er schöpft nämlich langsam den Verdacht, dass sie gar nicht die Absicht haben, zurückzukehren. Wenn aber Frauen und Kinder zurückbleiben, müssen die Israeliten ja wiederkommen. Als Mose diese Bedingung nicht akzeptiert, verweigert der Pharao dem Volk wiederum, das Land zu verlassen. Die Folge: Heuschrecken „bedeckten die Oberfläche des ganzen Landes und das Land war schwarz von ihnen. Sie fraßen allen Pflanzenwuchs des Landes und alle Baumfrüchte auf, die der Hagel verschont hatte, und an den Bäumen und Feldpflanzen in ganz Ägypten blieb nichts Grünes" (Ex 10,15 EÜ 1980).

Die Befreiung aus Ägypten

In der neunten Plage „breitete sich tiefe Finsternis über ganz Ägypten aus, drei Tage lang. Man konnte einander nicht sehen und sich nicht von der Stelle rühren, drei Tage lang. Wo aber die Israeliten wohnten, blieb es hell" (Ex 10,22-23 EÜ 1980). Dieses Mal erklärt sich der Pharao bereit, das ganze Volk ziehen zu lassen, sie sollen nur Rinder und Kleinvieh in Ägypten lassen. Mose verweigert auch diese Bedingung und wieder verhärtet sich das Herz des Pharao.

Das waren die ersten neun Plagen. In den Kapiteln 11 und 12 (EÜ 1980) wird die zehnte Plage beschrieben. Es ist die letzte und schrecklichste Plage von allen. Sie bringt den Pharao endlich zur Vernunft. Nach dieser Plage lässt der Pharao die Israeliten nicht nur ziehen, er jagt sie regelrecht davon.

> *Da sprach der Herr zu Mose: Noch eine Plage schicke ich dem Pharao und seinem Land. Danach wird er euch von hier wegziehen lassen. Und wenn er euch endlich ziehen lässt, wird er euch sogar fortjagen. Lass unter dem Volk ausrufen, jeder Mann und jede Frau soll sich von dem Nachbarn Geräte aus Silber und Gold erbitten. Der Herr ließ das Volk bei den Ägyptern Gunst finden. Auch Mose genoss in Ägypten bei den Dienern des Pharao und beim Volk hohes Ansehen. Mose sagte: So spricht Jahwe: Um Mitternacht will ich mitten durch Ägypten gehen. Dann wird jeder Erstgeborene in Ägypten sterben, vom Erstgeborenen des Pharao, der auf dem Thron sitzt, bis zum Erstgeborenen der Magd*

an der Handmühle und bis zu den Erstlingen unter dem Vieh. Geschrei wird sich in ganz Ägypten erheben, so groß, wie es keines je gegeben hat oder geben wird. Doch gegen keinen der Israeliten wird auch nur ein Hund die Zähne fletschen, weder gegen Mensch noch Vieh; denn ihr sollt wissen, dass Jahwe zwischen Ägypten und Israel einen Unterschied macht. Dann werden alle deine Diener hier zu mir herabsteigen, sich vor mir niederwerfen und sagen: Zieht doch fort, du und das ganze Volk, das du anführst. Danach werde ich fortziehen. Er verließ den Pharao, rot vor Zorn. Der Herr sprach zu Mose: Der Pharao hört nicht auf euch; denn ich will viele Wunder in Ägypten vollbringen. Mose und Aaron vollbrachten alle diese Wunder vor den Augen des Pharao, aber der Herr verhärtete das Herz des Pharao, sodass er die Israeliten nicht aus seinem Land fortziehen ließ. (Ex 11 EÜ 1980)

Es war Mitternacht, als der Herr alle Erstgeborenen in Ägypten erschlug, vom Erstgeborenen des Pharao, der auf dem Thron saß, bis zum Erstgeborenen des Gefangenen im Kerker, und jede Erstgeburt beim Vieh. Da standen der Pharao, alle seine Diener und alle Ägypter noch in der Nacht auf und großes Wehgeschrei erhob sich bei den Ägyptern; denn es gab kein Haus, in dem nicht ein Toter war. Der Pharao ließ Mose und Aaron noch in der Nacht rufen und sagte: Auf, verlasst mein Volk, ihr beide

> *und die Israeliten! Geht und verehrt Jahwe, wie ihr gesagt habt. Auch eure Schafe, Ziegen und Rinder nehmt mit, wie ihr gesagt habt. Geht und betet auch für mich! (Ex 12,29-32 EÜ 1980)*

Die Israeliten bleiben von dieser Plage verschont, weil sie das Pascha-Mahl[12] halten, dessen Rituale im zwölften Kapitel genau beschrieben werden. Folgende Schlüsselelemente sind von besonderer Bedeutung: Ein fehlerfreies männliches Lamm muss am zehnten Tag des Monats ausgewählt werden; es soll bis zum vierzehnten Tag, dem Tag der Schlachtung, aufbewahrt werden; kein Knochen darf gebrochen werden; das Blut soll an die Türpfosten gestrichen werden; es soll gebraten und mit ungesäuertem Brot und Bitterkräutern gegessen werden. Überall dort, wo dieses Ritual vollzogen wird, geht der Engel des Todes am Haus vorüber (daher der Name Pascha bzw. Pessach, zu Deutsch „Vorüberschreiten"). Die erstgeborenen Söhne dieser Häuser bleiben von der Plage verschont.

> *Der HERR sprach zu Mose und Aaron im Land Ägypten: Dieser Monat soll die Reihe eurer Monate eröffnen, er soll euch als der Erste unter den Monaten des Jahres gelten. Sagt der ganzen Gemeinde Israel: Am Zehnten dieses Monats soll jeder ein Lamm für seine Familie holen, ein Lamm für jedes Haus. Ist die Hausgemeinschaft für ein Lamm zu klein, so nehme er es zusammen mit dem Nach-*

---

[12] Pascha (griechisch, gesprochen „Pas-cha") bzw. Pessach (hebräisch). Das Alte Testament wurde auf Hebräisch verfasst, spätere Schriften auf Griechisch, weil diese Sprache zur Zeit der Niederschrift international bekannter war. Daher finden sich in einigen Bibelübersetzungen beide Varianten.

DIE HANDLUNG

barn, der seinem Haus am nächsten wohnt, nach der Anzahl der Personen. Bei der Aufteilung des Lammes müsst ihr berücksichtigen, wie viel der Einzelne essen kann. Nur ein fehlerfreies, männliches, einjähriges Lamm darf es sein, das Junge eines Schafes oder einer Ziege müsst ihr nehmen. Ihr sollt es bis zum vierzehnten Tag dieses Monats aufbewahren. In der Abenddämmerung soll die ganze versammelte Gemeinde Israel es schlachten. Man nehme etwas von dem Blut und bestreiche damit die beiden Türpfosten und den Türsturz an den Häusern, in denen man es essen will. Noch in der gleichen Nacht soll man das Fleisch essen. Über dem Feuer gebraten und zusammen mit ungesäuertem Brot und Bitterkräutern soll man es essen. Nichts davon dürft ihr roh oder in Wasser gekocht essen, sondern es muss über dem Feuer gebraten sein: Kopf, Schenkel und Eingeweide. Ihr dürft nichts bis zum Morgen übrig lassen. Wenn aber am Morgen noch etwas übrig ist, dann verbrennt es im Feuer! So aber sollt ihr es essen: eure Hüften gegürtet, Schuhe an euren Füßen und euren Stab in eurer Hand. Esst es hastig! Es ist ein Pessach für den HERRN. In dieser Nacht gehe ich durch das Land Ägypten und erschlage im Land Ägypten jede Erstgeburt bei Mensch und Vieh. Über alle Götter Ägyptens halte ich Gericht, ich, der HERR. Das Blut an den Häusern, in denen ihr wohnt, soll für euch ein Zeichen sein. Wenn ich das Blut sehe, werde ich an euch vorübergehen und das vernichtende Unheil wird euch nicht treffen, wenn ich das Land Ägypten schlage. Diesen Tag sollt ihr als Gedenktag begehen. Feiert ihn als Fest für den HERRN! Für eure kommenden Generationen wird es eine ewige Satzung sein, das Fest zu feiern!

Sieben Tage lang sollt ihr ungesäuertes Brot essen. Gleich am ersten Tag schafft den Sauerteig aus euren Häusern! Denn jeder, der zwischen dem ersten und dem siebten Tag Gesäuertes isst, soll aus Israel ausgemerzt werden. Am ersten Tag sollt ihr eine heilige Versammlung einberufen und ebenso eine heilige Versammlung am siebten Tag. An diesen beiden Tagen darf man keinerlei Arbeit tun. Nur das, was jeder zum Essen braucht, dürft ihr zubereiten. Haltet das Fest der Ungesäuerten Brote! Denn gerade an diesem Tag habe ich eure Heerscharen aus dem Land Ägypten herausgeführt. Haltet diesen Tag in allen kommenden Generationen!

Es ist eine ewige Satzung. Im ersten Monat, vom Abend des vierzehnten Tags bis zum Abend des einundzwanzigsten Tags, esst ungesäuerte Brote! Sieben Tage lang darf sich in euren Häusern kein Sauerteig befinden; denn jeder, der Gesäuertes isst, sei er fremd oder einheimisch, soll aus der Gemeinde Israel ausgemerzt werden. Esst also nichts Gesäuertes! Überall, wo ihr wohnt, sollt ihr ungesäuerte Brote essen.

DIE HANDLUNG

Da rief Mose alle Ältesten Israels zusammen und sagte zu ihnen: Holt Schafe oder Ziegen für eure Sippenverbände herbei und schlachtet das Pessach! Dann nehmt einen Ysopzweig, taucht ihn in die Schüssel mit Blut und streicht etwas von dem Blut in der Schüssel auf den Türsturz und auf die beiden Türpfosten! Bis zum Morgen darf niemand von euch das Haus verlassen. Der HERR geht umher, um die Ägypter mit Unheil zu schlagen. Wenn er das Blut am Türsturz und an den beiden Türpfosten sieht, wird er an der Tür vorübergehen und dem Vernichter nicht erlauben, in eure Häuser einzudringen und euch zu schlagen. Bewahrt dies! Es gelte dir und deinen Nachkommen als Gesetz für die Ewigkeit. Wenn ihr in das Land kommt, das euch der HERR gibt, wie er gesagt hat, so bewahrt diesen Dienst! Und wenn euch eure Söhne fragen: Was bedeutet dieser Dienst für euch?, dann sagt: Es ist das Pessach-Opfer für den HERRN, der in Ägypten an den Häusern der Israeliten vorüberging, als er die Ägypter mit Unheil schlug, unsere Häuser aber verschonte.

Das Volk verneigte sich und warf sich nieder. Dann gingen die Israeliten und taten, was der HERR Mose und Aaron befohlen hatte. So machten sie es. (Ex 12,1-28)

Die Befreiung aus Ägypten

Nach dieser letzten Plage gibt der Pharao nach und befiehlt dem Volk, sofort zu gehen. Die Israeliten brechen in so großer Hast auf, dass sie noch nicht einmal Zeit haben, Verpflegung für die Reise vorzubereiten. In der Eile nehmen sie den ungesäuerten Teig mit Backschüsseln, „wickelten [diese] in Kleider ein und luden sie sich auf die Schultern" (Ex 12,34). Später backen sie daraus ihr ungesäuertes Brot. Wie versprochen bewegt Gott die Ägypter dazu, den Israeliten Gold und Silber bei ihrem Auszug mitzugeben.

Das Gelobte Land ist nicht weit von Ägypten entfernt: Nur ca. 400 km Luftlinie. Die kürzeste Route führt durch das Philisterland, an der Küste des Mittelmeers entlang. Wenn Gott gewollt hätte, dass das Volk so schnell wie möglich im Gelobten Land ankommt, hätte er es auf diesem Weg geführt. Doch es ist nicht der Wille Gottes. Er weiß, dass die Israeliten nach so vielen Jahren der Sklaverei völlig unorganisiert und zu unerfahren sind, um kommenden Schwierigkeiten zu begegnen, insbesondere was die Kriegsführung betrifft. In solchen Situationen wäre für sie die Versuchung zu groß, wieder nach Ägypten zurückzukehren. Daher führt Gott sie einen Umweg „durch die Wüste des Roten Meeres" (Ex 13,18). Er selbst geht ihnen voraus und zeigt ihnen den Weg. Am Tag erscheint er ihnen als Wolkensäule, in der Nacht als Feuersäule.

Im vierzehnten Kapitel bereut es der Pharao, dass er die Israeliten hat ziehen lassen. Als ihm zu Ohren kommt, dass sie am Roten Meer ihr Lager aufgeschlagen haben, glaubt er, sie hätten sich in der Wüste verirrt. Er beschließt, ihnen nachzujagen und sie zurückzubringen, und so nimmt er mit seiner Armee die Verfolgung auf. Als die Israeliten die ägyptische Streitmacht nahen sehen, klagen sie laut voller Furcht. Mose spricht zu ihnen:

> *Fürchtet euch nicht! Bleibt stehen und schaut zu, wie der HERR euch heute rettet! Wie ihr die Ägypter heute seht, so seht ihr sie niemals wieder. Der HERR kämpft für euch, ihr aber könnt ruhig abwarten. (Ex 14,13-14)*

Und wirklich: Gott kämpft für sie und rettet sie. Das Volk zieht durch das Rote Meer, während die gesamte ägyptische Streitmacht in den Fluten umkommt. Israel wird zu einem freien Volk. Nach all diesen Ereignissen beginnt es endlich, Gott zu glauben und Mose zu vertrauen. Die Geretteten singen mit Mose dem Herrn ein Danklied und veranstalten ein großes Fest.

DIE BEFREIUNG AUS ÄGYPTEN

ENTWICKLUNG DER CHARAKTERE

Der Name Gottes JHWH

Im dritten Kapitel des Buches Exodus erscheint Gott in einem brennenden Dornbusch und offenbart dem Mose seinen Namen. Auf dessen Frage: „Wie heißt du?" antwortet Gott:

Vers 14a: Da antwortete Gott dem Mose: Ich bin, der ich bin. *('ehje ascher 'ehje)*
Vers 14b: Und er fuhr fort: So sollst du zu den Israeliten sagen: Der Ich-bin *('ehje)* hat mich zu euch gesandt.
Vers 15:   Weiter sprach Gott zu Mose: So sag zu den Israeliten: Der HERR (JHWH), der Gott eurer Väter, der Gott Abrahams, der Gott Isaaks und der Gott Jakobs, hat mich zu euch gesandt.

Gott offenbart ihm den Namen JHWH[13]. Für uns ist ein Name lediglich ein Titel oder ein Kennzeichen. In den alten semitischen Kulturen hingegen bringt der Name zum Ausdruck, welche Macht, Persönlichkeit und besonderen Vorrechte jemand besitzt und wozu er (oder sie) bestimmt ist. Er offenbart das Leben des Namensträgers und bestimmt sein Wesen. Name und Person sind eins. JHWH kommt im Alten Testament über 6500 Mal vor, er taucht in nahezu allen Büchern des Alten Testamentes auf, mit Ausnahme der Bücher Ester, Kohelet und Hoheslied. Ab dem

---

[13] In Anlehnung an die jüdische Tradition schreiben viele Übersetzungen an der Stelle von JHWH das Wort „HERR" in Großbuchstaben bzw. Kapitälchen. Da das Althebräische in der Schriftform keine Vokale kennt, kann man heute nicht genau sagen, wie das Wort damals ausgesprochen wurde. Die unter Theologen am weitesten verbreitete Annahme ist, dass die Aussprache „Jahwe" lautete.

3. Jahrhundert vor Christus wurde er so heilig, dass die Gläubigen den Namen nicht mehr auszusprechen wagten. Immer, wenn der Name JHWH in der Bibel auftauchte, lasen sie stattdessen „Adonai", das bedeutet „mein Herr"[14].

Was bedeutet JHWH? Oft wird es übersetzt mit „Ich bin, der ich bin" oder „Ich-bin". Doch dies sind eigentlich nur Übersetzungen der Ausdrücke, die Gott in den Versen 14a und 15 *(„'ehje ascher 'ehje"* und *„'ehje")* gibt. Der tiefere Sinn ist verlorengegangen. Obwohl der Name über 6500 Mal in der Bibel erwähnt wird, gibt es keine definierte Bedeutung von JHWH.[15] Die genannten Ausdrücke aber können hilfreiche Beschreibungen sein, die zu einem besseren Verständnis der Bedeutung des Namens führen. Was also bedeuten diese?

Es ist nahezu unmöglich, das hebräische Wort *„'ehje"* eins zu eins in unsere Sprache zu übersetzen. Für gewöhnlich wird es mit „Ich-bin" wiedergegeben. Das hebräische Verständnis von „sein" ist jedoch denkbar weit entfernt von unserer Auffassung dieses Verbs. Unsere Vorstellung vom Sein ist von der antiken griechischen Philosophie geprägt und somit eher abstrakt. Der hebräische Seins-Begriff hingegen ist keineswegs abstrakt, sondern nimmt Bezug auf ein aktives, dynamisches Sein. Für den Hebräer gibt es das *„Sein"* nicht ohne das *„Tun"*.

---

[14] Wenn Paulus von Jesus als dem „Herrn" spricht, z. B. in 1Kor 8,6, dann sagt er damit auch, dass Jesus Gott ist.
[15] Unser Wunsch nach einer fassbaren „Definition" ist einerseits verständlich. Wir wollen wissen, wie Gott ist, damit wir ihn besser lieben und ihm dienen können. Andererseits entsteht dieser Wunsch auch aufgrund einer falschen Annahme, nämlich, dass man Gottes irgendwie „habhaft" werden könne. Wir können Gott aber nicht zwingen, uns seinen Namen in einer Weise zu offenbaren, mit der wir Kontrolle über ihn gewinnen.

Eine weitere Spur zum Verständnis: Das Wort „*'ehje*" ist in der Vergangenheitsform geschrieben. Die hebräische Sprache verwendet – anders als im Deutschen – diese Zeitform nicht, um den rein zeitlichen Rahmen anzugeben (also Vergangenheit, Gegenwart, Zukunft). Vielmehr wird dadurch die Modalität des Verbs zum Ausdruck gebracht. Die Zeitform eines Verbs gibt Auskunft darüber, ob eine Aktion abgeschlossen ist oder noch nicht. Die Vergangenheitsform von „*'ehje*" ist so zu verstehen, dass der Vorgang des Verbs noch nicht abgeschlossen ist. Sie weist daher entweder auf die Gegenwart oder die Zukunft hin. Gott ist (und handelt) und fährt auch fort, zu sein (und zu handeln).

Wenn die Zeitform keinen Hinweis auf den zeitlichen Rahmen gibt, kann dieser auch aus dem Kontext erschlossen werden. Vers 14b lässt auf die Gegenwart schließen, die andauernde Wertigkeit weist auf die Zukunft hin: „Ich bin und werde sein, so wie ich immer war." Wie schon erwähnt bezieht sich das Verb „sein" in der hebräischen Sprache weniger auf die Existenz bzw. das Wesen an sich, sondern eher auf die Aktivität, das Tun. Außerdem klingt „Jahwe" auf Hebräisch wie eine Bezeichnung in der dritten Person.

Gott gibt noch einen letzten Hinweis, als er sagt, er sei auch der Gott der Vorfahren, der Gott Abrahams, Isaaks und Jakobs. Das soll heißen: Gott ist treu. Er hat die Väter und ihre Nachkommen nicht verlassen. Gott ist nicht einfach nur da, er ist in Treue anwesend.

Mit all diesen Erkenntnissen würde eine vollständige Übersetzung von JHWH folgendermaßen lauten: **„Er ist wirklich da und bereit, zu deinen Gunsten zu handeln, so wie er es immer war."**

> *Mit seinem Namen offenbart Gott zugleich seine Treue, die von jeher war und für immer bleibt: Er war treu („Ich bin der Gott deines Vaters": Ex 3,6) und wird treu bleiben („Ich bin mit dir": Ex 3,12). Gott, der sich „Ich-bin" nennt, offenbart sich als der Gott, der immer da ist, immer bei seinem Volk, um es zu retten. (KKK 207)*

Den unterdrückten Israeliten mag dies in Ägypten nicht so vorgekommen sein. Für sie schien es wohl, dass Gott sich von ihnen abgewandt hatte. Aber sie waren es, die untreu geworden waren und ihn vergessen hatten. Trotzdem hatte Gott weder sie noch seine Versprechen an ihre Väter vergessen. Er weiß um ihre Lage und wird handeln. Im Buch Deuteronomium sagt Gott:

> *Daran sollst du erkennen: Der HERR, dein Gott, ist der Gott; er ist der treue Gott; noch nach tausend Generationen bewahrt er den Bund und erweist denen seine Huld, die ihn lieben und seine Gebote bewahren. (Dt 7,9)*

Was bedeutet es, dass Gott seinen Namen offenbart? Wie schon erwähnt, definiert der Name die Person. Durch die Offenbarung seines Namens enthüllt Gott sein Wesen. Er ist eine Person, ein Subjekt, immer anwesend und handelt stets zugunsten seines Volkes. Weil Gott seinen Namen offenbart hat, kann Israel ihn mit einem Namen anreden, den das Volk von ihm selbst empfangen und nicht erfunden hat. Dieser Name ist in jedem Gebet, jedem Lobpreis, jeder Meditation zum Bezugspunkt geworden. Aber der

Die Befreiung aus Ägypten

Name Gottes ist auch geheimnisvoll. Er enthüllt nicht nur etwas von Gott, er verhüllt ihn auch.

> *Indem er seinen geheimnisvollen Namen JHWH – „Ich bin, der ist" oder „Ich bin der Ich-bin" – offenbart, sagt Gott, wer er ist und mit welchem Namen man ihn anreden soll. Dieser Gottesname ist geheimnisvoll, wie Gott selbst Geheimnis ist. Er ist ein geoffenbarter Name und zugleich gewissermaßen die Zurückweisung eines Namens. Gerade dadurch bringt er jedoch das, was Gott ist, am besten zum Ausdruck: der über alles, was wir verstehen oder sagen können, unendlich Erhabene. Er ist der „verborgene Gott" (Jes 45,15); sein Name ist unaussprechlich; und er ist zugleich der Gott, der den Menschen seine Nähe schenkt. (KKK 206)*

Gott gibt sich also nicht vollständig zu erkennen. Er offenbart von sich nur so viel, wie er es nach seinem Willen für uns als wichtig erachtet. Durch dieses Handeln erfährt man sowohl seine Nähe als auch seine Erhabenheit. Er bleibt undurchdringlich, eben anders. Dadurch kann auch das Volk Israel sich seiner nicht bemächtigen und ihn nicht sein Eigen nennen. Den Namen einer Gottheit zu kennen, bedeutete für die alten heidnischen Religionen, Macht über sie zu gewinnen. Die Rituale, die sie vollzogen, dienten dazu, die Götter zu etwas zu zwingen, was das Volk wünschte (Schutz gewähren, Regen bringen, etc.). Das gilt nicht für Israel.

Gott aber offenbart sich seinem Volk auch durch seine Taten. Durch die Befreiung aus der Sklaverei handelte er zugunsten seines Volkes, er offenbarte sich sowohl durch seinen Namen als auch durch seine Gegenwart und sein Tun als der Gott Israels.

Der Katechismus der katholischen Kirche lehrt hierzu:

> *Der göttliche Offenbarungsratschluß verwirklicht sich „in Taten und Worten, die innerlich miteinander verknüpft sind" und einander erhellen. In ihm liegt eine eigenartige göttliche „Erziehungsweisheit": Gott teilt sich dem Menschen stufenweise mit; er bereitet ihn etappenweise darauf vor, seine übernatürliche Selbstoffenbarung aufzunehmen, die in der Person und Sendung des fleischgewordenen Wortes Jesus Christus gipfelt. (KKK 53)*

Die Offenbarung seines Namens kann auch ein hilfreiches Argument für die Existenz Gottes sein. Wie oft schon wurden Religionen von Kritikern mit dem Argument angegriffen, sie seien menschlichen Erfindungen entsprungen! Der Mensch habe die Götter als personifizierte Naturgewalten geschaffen, um Kontrolle über diese Kräfte zu haben. Oder: Die Religion sei eine Projektion der menschlichen Natur. Von Xenophanes von Kolophon, Philosoph, Dichter und Religionskritiker aus dem 6. Jahrhundert vor Christus, sind solche Aussagen überliefert. In seinen Gedichten prangert er die menschenähnliche Form der griechischen Götter an.

> *Doch wenn die Ochsen und Rosse und Löwen Hände hatten oder malen könnten mit ihren Händen und Werke bilden wie die Menschen, so würden die Rosse rossähnliche, die Ochsen ochsenähnlich Göttergestalten malen und solche Körper bilden, wie jede Art gerade selbst das Aussehen hätte.*

> *Die Äthiopen behaupten, ihre Götter seine schwarz und stumpfnasig, die Thraker, blauäugig und rothaarig.*[16]

In neueren Zeiten machte der deutsche Philosoph und Anthropologe Ludwig Feuerbach (1804-1872) ähnliche Aussagen. In seinem bedeutendsten Werk „Das Wesen des Christentums" behauptet er, Gott sei nichts weiter als die äußere Projektion unserer inneren menschlichen Natur.[17]

Was können wir Christen (und Juden) solchen Aussagen entgegensetzen? Xenophanes und Feuerbach haben beide Recht in Bezug auf die heidnischen Gottheiten, wie die griechischen oder ägyptischen Götter. Sie sind wirklich menschliche Projektionen von personifizierten Naturgewalten oder von menschlichen Vorstellungen und Idealen, Götter also, die nicht wirklich existieren. Diese Behauptungen treffen aber nicht auf YHWH, den Gott Israels, zu. Warum nicht? Die Antwort gibt schon das Buch Exodus. Das Volk Israel hat keine Götter erfunden, die seine Bedürfnisse stillen oder als Projektion des Wunsches, Ägypten zu verlassen, dienen sollten.

---

[16] Diels, Hermann: Die Fragmente der Vorsokratiker. Griechisch und Deutsch, Berlin, 1903, S. 54.
[17] Nachzulesen in: Feuerbach, Ludwig: Das Wesen des Christentums, Ditzingen, 2017.

Es wollte das Land eigentlich gar nicht verlassen und war später immer wieder in der Versuchung zurückzukehren. Nach mehr als 400 Jahren in Ägypten war Gott vollkommen aus dem Bewusstsein der Israeliten verschwunden. Gott befreite sie trotzdem – obwohl sie es nicht wünschten, geschweige denn erwarteten. Sie erfuhren die Befreiungstat Gottes am eigenen Leib. Der Glaube an den Gott Israels entsprang keiner Personifizierung natürlicher Kräfte oder Projektion eigener Wünsche. Ebensowenig ist er das Ergebnis philosophischer Überlegungen über die Bedeutung des Lebens. In der jüdisch-christ- lichen Tradition hat der Glaube seinen Ursprung in der Antwort auf die Erfahrung von Gottes Handeln in der Geschichte. Gott handelt, also existiert er. Oder aus eher persönlicher Sicht: „Ich erfahre Gottes Handeln in meinem Leben, daher glaube ich an seine Existenz." Das ist die Erfahrung Israels und auch unsere eigene. Natürlich gilt diese Argumentation nur für denjenigen, für den in dieser handelnden Gegenwart Gottes Erkennungsmerkmale klar herausgelesen werden können.

Israels Identität und Mission

Im Verlauf der Erzählung bezeichnet Gott Israel als seinen erstgeborenen Sohn:

> *So spricht der HERR: Israel ist mein erstgeborener Sohn. (Ex 4,22)*

Was hat das zu bedeuten? Warum wird Israel derart bevorzugt? Was ist denn mit den anderen Völkern? Liebt Gott etwa nur die Israeliten? Es mag den Anschein erwecken, als sei Gott ungerecht, doch das ist nicht der Fall.

Die Befreiung aus Ägypten

Zunächst einmal ist es eine historische Tatsache: Israel ist Gottes erstgeborener Sohn, weil es das erste Volk war, das einen Bund mit Gott eingegangen war und so Teil seiner Familie wurde. Warum gerade Israel? Das hatte das Volk sicher nicht sich selber zu verdanken. Es war ganz gewiss nicht das größte oder heiligste Volk auf Erden.

> *Dich hat der HERR, dein Gott, ausgewählt, damit du unter allen Völkern, die auf der Erde leben, das Volk wirst, das ihm persönlich gehört. Nicht weil ihr zahlreicher als die anderen Völker wäret, hat euch der HERR ins Herz geschlossen und ausgewählt; ihr seid das kleinste unter allen Völkern. Weil der HERR euch liebt und weil er auf den Schwur achtet, den er euren Vätern geleistet hat, deshalb hat der HERR euch mit starker Hand herausgeführt und dich aus dem Sklavenhaus freigekauft, aus der Hand des Pharao, des Königs von Ägypten. (Dtn 7,6-9)*

Gott erwählte also Israel als sein Volk wegen seiner Liebe zu Abraham. Als die ganze Welt der Sünde verfallen war, erwählte er Abraham aufgrund seiner Gerechtigkeit, wie es im Buch der Weisheit heißt.

> *Als die Völker, einmütig in ihrer Schlechtigkeit, verwirrt wurden, erwählte sie [die Weisheit] den Gerechten und behütete ihn ohne Tadel vor Gott und ließ ihn stark bleiben trotz der Liebe zu seinem Kind. (Weish 10,5)*

Entwicklung der Chraktere

Im Gegensatz zu all den anderen Menschen glaubte Abraham an Gott und gehorchte ihm. Deswegen schloss Gott einen Bund mit ihm und schwor: „Ich richte meinen Bund auf zwischen mir und dir und mit deinen Nachkommen nach dir, Generation um Generation, einen ewigen Bund: Für dich und deine Nachkommen nach dir werde ich Gott sein" (Gen 17,7). Dieser Segen ging auf die Israeliten über, denn sie sind die direkten Nachkommen Abrahams und somit die Erben und Nutznießer der Verheißung. Was nicht heißt, dass Gott die anderen Völker gleichgültig sind. Vielmehr liebt er alle Völker und möchte, dass alle Teil seiner Familie werden. Abraham versprach er: „Segnen werden sich mit deinen Nachkommen alle Völker der Erde" (Gen 22,18). Gott hat sich Israel erwählt, um dadurch allen Völkern das Heil zu bringen und alle zu seiner Familie zu machen. Wie die erstgeborenen Kinder ihren Eltern bei der Erziehung der jüngeren Geschwister oft helfen, so sollte auch Israel Gott bei der Erziehung der anderen Völker zur Hand gehen. Wie sollte das geschehen? Israel war dazu aufgerufen, „den Weg des HERRN einzuhalten und Gerechtigkeit und Recht zu üben" (Gen 18,18). Es sollte den Völkern durch sein leuchtendes Beispiel als Vorbild dienen. Die Propheten bezeichnen daher auch Israel als Licht für alle Völker.

> *Ich, der HERR, habe dich aus Gerechtigkeit gerufen,*
> *ich fasse dich an der Hand.*
> *Ich schaffe und mache dich*
> *zum Bund mit dem Volk,*
> *zum Licht der Nationen [...]. (Jes 42,6)*

> *Und er sagte:*
> *Es ist zu wenig, dass du mein Knecht bist,*

DIE BEFREIUNG AUS ÄGYPTEN

> *nur um die Stämme Jakobs wieder aufzurichten*
> *und die Verschonten Israels heimzuführen.*
> *Ich mache dich zum Licht der Nationen;*
> *damit mein Heil bis an das Ende der Erde reicht.*
> *(Jes 49,6)*

In dieser Aussage Gottes wird Israels Identität und Berufung deutlich. Die Bibel führt uns leider eine Geschichte des ständigen Versagens Israels, diese Berufung zu leben, vor Augen. Das erste Mal versagten die Israeliten in Ägypten: Irgendwann im Laufe der 430 Jahre, die sie dort lebten, war Gott in Vergessenheit geraten. Damit hatten sie ihre Identität verloren. So wurden sie zu Sklaven des Pharao und der ägyptischen Götter.

Israels wahre Identität kommt in seinem Namen zum Ausdruck, den Jakob von Gott erhalten hatte (vgl. Gen 32,29). Was aber bedeutet „Israel"? Verschiedene Deutungen lauten „Sieger in Gott" oder „Der mit Gott herrscht".

Wer ist Gott für Israel? Er ist der JHWH. Er ist wirklich anwesend und bereit, zugunsten Israels zu handeln. So war es ja immer. Die Kapitel 1 bis 15 des Buches Exodus erzählen von einem Gott, der seinem Namen treu ist. Und weil er treu ist, stellt er Israels Identität wieder her. Worin besteht die wahre Identität des Volkes? Wenn es auf den Wegen Gottes wandelt, wenn es gerecht und gut handelt, dann wird es mit Gott immer siegreich sein. Worin besteht nun seine Mission? Durch Israel wird Gott allen seinen anderen Kindern Segen bringen. Gott wird für die gesamte Menschheit der JHWH sein – für uns da sein und zu unseren Gunsten handelnd.

Die gesamte Menschheit

Die Bibel erzählt nicht nur die Geschichte von Gott und seinem Volk Israel. Es ist die Geschichte der ganzen Menschheit. Auch wir sind die Protagonisten: Was den Israeliten geschehen ist, passiert auch uns. Immer, wenn wir „nein" zu Gott sagen, öffnen wir uns für etwas Anderes, das wir an seiner Statt zu unserem Gott machen. Wenn wir diese Götter anbeten, so wie Israel die ägyptischen Götter verehrte, geben wir unsere Freiheit als Kinder Gottes preis und versklaven uns. Das passiert, egal welche Götter wir anbeten – ob es alte sind, etwa die ägyptischen Götter, oder moderne Götter wie Sex, Geld oder Macht. Das ist es, was Exodus 1 – 15 uns mit auf den Weg geben will. Doch Gott ist auch für uns der JHWH. Er ist wirklich anwesend und möchte uns aus unserer Sklaverei befreien.

AUF DEN SPUREN DER WÖRTLICHEN BEDEUTUNG VON EXODUS 1-15

Israel im Sklavenstand

Das Buch Exodus erklärt zu Beginn, wie das Volk Israel von den Ägyptern in die Sklaverei gedrängt wird.

> *Die Ägypter gingen hart gegen die Israeliten vor und machten sie zu Sklaven. Sie machten ihnen das Leben schwer durch harte Arbeit mit Lehm und Ziegeln und durch alle möglichen Arbeiten auf den Feldern. So wurden die Israeliten zu harter Sklavenarbeit gezwungen. (Ex 1,13-14)*

Die Befreiung aus Ägypten

Es mag zwar stimmen, dass die Israeliten ungerecht behandelt wurden, doch dürfen wir das nicht überbewerten. Auf rein menschlicher Ebene stand es für die Israeliten gar nicht so schlecht, wie man es sich vielleicht vorstellt. Aus außerbiblischen Quellen ist bekannt, dass die Ägypter keine grausamen Menschen waren und ihre Sklaven nicht so hart behandelten wie beispielsweise die Römer oder Assyrer. Hätten es die Israeliten wirklich so schwer gehabt, hätten sie Mose gegenüber nicht immer wieder den Wunsch nach einer Rückkehr nach Ägypten geäußert. In der Erinnerung erscheint ihnen ihr Leben dort als erstrebenswert:

> *[...] die Israeliten begannen wieder zu weinen und sagten: Wenn uns doch jemand Fleisch zu essen gäbe! Wir denken an die Fische, die wir in Ägypten umsonst zu essen bekamen, an die Gurken und Melonen, an den Lauch, an die Zwiebeln und an den Knoblauch. (Num 11,4-5)*

In Exodus 2,23 heißt es:

> *Die Israeliten stöhnten noch unter der Sklavenarbeit; sie klagten und ihr Hilferuf stieg aus ihrem Sklavendasein zu Gott empor.*

Der Text beschreibt, wie die Israeliten in Ägypten unter der Last der Sklaverei leiden und laut klagen. Es wird aber nicht berichtet, an wen sie sich in ihrer Klage wenden. Sie klagen einfach. Ihr Schrei ist lediglich eine natürliche menschliche Reaktion auf

Leiden und Unterdrückung. Sie klagen, wie es jeder Leidende tun würde. Warum wenden sie sich nicht an Gott? Nach über 400 Jahren in Ägypten haben sie Gott vergessen. Auf dieses Problem möchte das Buch Exodus hinweisen. Für den Autor handelt es sich nicht um ein soziologisches, sondern um ein theologisches Problem.

Im Buch Genesis erwählte Gott Abraham und vertraute ihm die Aufgabe an, seine Nachkommen die Wege des Herrn zu lehren.

> *Denn ich habe ihn dazu ausersehen, dass er seinen Söhnen und seinem Haus nach ihm gebietet, den Weg des HERRN einzuhalten und Gerechtigkeit und Recht zu üben, damit der HERR seine Zusagen an Abraham erfüllen kann. (Gen 18,19)*

Irgendwann im Laufe der Zeit lehrten die Eltern ihre Kinder nicht mehr die Wege Gottes. Nachdem über 400 Jahre vergangen waren, verstehen sie sich nicht mehr als Eigentum Gottes und haben ihm den Dienst aufgekündigt. Sie haben ihre Identität verloren. Stattdessen sind sie zum Eigentum des Pharao geworden und dienen den ägyptischen Göttern. Wie kann Gott in dieser Situation seine Verheißungen erfüllen?

Gott und der Pharao im Wettstreit

Der Text beschreibt Gott und den Pharao als Kontrahenten, die um die Herzen der Israeliten wetteifern. Im ersten Kapitel spitzt sich ihre Rivalität mehr und mehr zu. So spricht der Pharao zum

Die Befreiung aus Ägypten

Beispiel in Vers 10: „Gebt Acht! Wir müssen überlegen, was wir gegen es [das Volk] tun können, damit es sich nicht weiter vermehrt" (Ex 1,10). Und so reift in ihm der Plan, die Söhne der Israeliten zu töten. Mit diesem Vorhaben erklärt er indirekt Gott den Krieg. Hatte nicht Gott Abraham zahllose Nachfahren zugesagt und war er nicht gerade dabei, diese Zusage einzulösen? So heißt es in der Schrift: „Die Söhne Israels waren fruchtbar, sodass das Land von ihnen wimmelte" (Ex 1,7). Doch der Angriff des Pharao droht Gottes Segen zunichte zu machen.

Der Pharao handelt, als sei er selber Gott. Er weist Gottes Forderungen immer wieder verächtlich zurück und verweigert die Anerkennung seiner Autorität. Die Aufseher teilen dem Volk mit: „So spricht der Pharao: Ich gebe euch kein Stroh mehr" (Ex 5,2). Der Ausdruck „So spricht der Pharao" imitiert die Redeweise Gottes „So spricht der Herr". Der Pharao fordert Gott heraus: „Wer ist der HERR, dass ich auf ihn hören und Israel ziehen lassen sollte? Ich kenne den HERRN nicht und denke auch nicht daran, Israel ziehen zu lassen" (Ex 5,2).

Eine weitere Stelle, an der diese Rivalität erkennbar wird, findet sich in Exodus 5,15: „Da gingen die israelitischen Listenführer zum Pharao und erhoben vor ihm Klage: Warum tust du deinen Sklaven das an?" Die Listenführer klagen vor dem Pharao auf die gleiche Weise, wie Mose vor Gott klagt: „Mose [schrie] zum HERRN um Befreiung von der Froschplage, die er über den Pharao gebracht hatte" (Ex 8,8). Durch das Klagen kommt zum Ausdruck, dass der Pharao gegenüber den Israeliten den Platz Gottes eingenommen hat.

Am deutlichsten wird diese Rivalität an dem Bestreben erkennbar, den Dienst des Volkes für sich zu gewinnen. Gott aber möchte dem Volk zum Auszug verhelfen, damit es ihn in der Wüste mit einem Fest ehren kann.

> *Er aber sagte: Ich bin mit dir; ich habe dich gesandt und als Zeichen dafür soll dir dienen: Wenn du das Volk aus Ägypten herausgeführt hast, werdet ihr Gott an diesem Berg dienen. (Ex 3,12)*

> *Ich sage dir: Lass meinen Sohn ziehen, damit er mir dienen kann! (Ex 4,23)*

> *Danach gingen Mose und Aaron zum Pharao und sagten: So spricht der HERR, der Gott Israels: Lass mein Volk ziehen, damit sie mir in der Wüste ein Fest feiern können! (Ex 5,1)*

Der Pharao verweigert sich dieser Aufforderung, da er auf die israelitischen Arbeiter nicht verzichten will.

> *Der König von Ägypten entgegnete ihnen: Warum, Mose und Aaron, wollt ihr die Leute zum Nichtstun verleiten? Fort mit euch, tut euren Frondienst! […] Faul seid ihr, faul. Nur deshalb sagt ihr: Wir wollen gehen und dem HERRN Schlachtopfer darbringen. (Ex 5,4.17)*

An dieser Stelle ist mit der Übersetzung ein Wortspiel verloren gegangen. Das hebräische Wort, das hier für „(Fron)Dienst tun" verwendet wird, ist gleichbedeutend mit „anbeten". Dadurch kommt zum Ausdruck, dass der Dienst/die Anbetung Gottes nicht mit dem Dienst/der Anbetung Pharaos vereinbar ist. Die Menschen werden vor die Wahl gestellt, für Gott oder für den Pharao zu arbeiten.

Gott oder dem Pharao dienen ist nicht das Gleiche. Eine Wahl, die Konsequenzen nach sich zieht. Der eine will versklaven und das Volk durch die Herstellung von Ziegeln ausbeuten. Das geschieht auch mit uns, wenn wir andere Götter anbeten. Sie versklaven uns, und schließlich arbeiten wir für sie. Gott hingegen möchte, dass wir von unserer Arbeit ausruhen und ihn anbeten. Leisten wir dem Folge, treten wir ein in den Raum seiner Ruhe.

> *Also verbleibt dem Volk Gottes noch eine Sabbatruhe. Denn wer in seine Ruhe eingegangen ist, der ruht auch selbst von seinen Werken aus, wie Gott von den seinigen. (Hebr 4,9-10)*

Gott holt zum Gegenschlag aus

Das Volk hat Gott vergessen und lebt in der Knechtschaft des Pharao. Es leidet unter dieser Last und klagt laut.

> *Die Israeliten stöhnten noch unter der Sklavenarbeit; sie klagten und ihr Hilferuf stieg aus ihrem Sklavendasein zu Gott empor. Gott hörte ihr Stöh-*

> *nen und Gott gedachte seines Bundes mit Abraham, Isaak und Jakob. Gott blickte auf die Israeliten. Gott hatte es wahrgenommen. (Ex 2,23-25)*

Diese Textstelle ist sehr wichtig. Sie zeigt auf, dass Gott Herr der Heilsgeschichte ist. Obwohl sich das Volk mit seiner Klage nicht an ihn wendet, hört er ihr Schreien und erinnert sich an seinen Bund mit Abraham, Isaak und Jakob. Bis zu diesem Punkt war in der Erzählung des Buches Exodus kaum die Rede von Gott, geschweige denn von einer Beziehung zu seinem Volk. Doch in diesen wenigen Zeilen taucht der Name Gottes plötzlich fünfmal auf. Gott hatte sich bisher zurückgehalten und wirkte im Verborgenen. Auf einmal greift er wieder in die Geschichte ein. Gott ist treu.

Im Text heißt es, dass Gott hört und seines Versprechens gedenkt. In der hebräischen Sprache bedeutet „gedenken/sich erinnern" mehr als nur sich etwas ins Gedächtnis zu rufen. Es beinhaltet eine Aktion bzw. ein Eingreifen. Gott hört das Schreien und kommt zu Hilfe. Das Volk ruft seine Hilfe nicht etwa durch Frömmigkeit oder fromme Leidenschaft herbei, ja, es ruft nicht einmal nach ihm. Gott handelt von sich aus, weil er das Leiden und die Hilflosigkeit sieht und sich an den Bund mit Abraham erinnert. Darin besteht die wahre Erlösung. Gott rettet die Seinen, auch wenn sie nicht wissen, wie man seinen Namen anruft. Der Autor bringt dadurch zum Ausdruck, dass Gott – und nicht der Mensch – die Fäden der Erlösungsgeschichte in der Hand hält. Gottes Eingreifen setzt keine Leistung der Kinder Israels voraus. Einzig und allein aufgrund seiner Barmherzigkeit rettet er sie aus Ägypten.

Exodus ist nicht die Geschichte einer Selbsterlösung, Gott ist der Urheber der Erlösung. Der Rest des Buches Exodus ist dann nur noch die Ausführung von Ex 2,23-24.

Gott bleibt seinem Bund treu. Er wird zum Gegenschlag ausholen und gegen den Pharao und die ägyptischen Götter kämpfen, um sein Volk zu befreien. In dieser Befreiung bergen sich zwei Dimensionen: Gott muss das Volk aus Ägypten befreien; aber er muss auch dafür sorgen, dass Ägypten aus den Herzen der Israeliten verschwindet. Letzteres Unterfangen wird sich noch als äußerst mühsam erweisen, denn nach über 400 Jahren in Ägypten befindet sich das Volk im Zustand der Sklaverei. Es ist abhängig geworden und braucht Gottes Hilfe, um aus dieser Abhängigkeit herauszukommen.

Die Kraftprobe

Gott schlägt gegen den Pharao zurück und schickt zehn Plagen. Diese Plagen entfalten ihre Schlagkraft erst nach und nach und richten von Mal zu Mal größeren Schaden an. Anfangs sind sie einfach nur lästig, verursachen aber keinerlei bleibenden Schaden. In der letzten Plage jedoch tötet Gott alle erstgeborenen Söhne der Ägypter. Das ist eine der Szenen im Alten Testament, die die meisten Leser irritiert. Ist Gott etwa doch ungerecht und grausam? Warum scheint der Gott des Alten Testamentes sich so sehr vom Gott des Neuen Testamentes zu unterscheiden? Auf der Suche nach einer Antwort auf diese Art von Fragen ist es hilfreich, die Heilige Schrift selber zu befragen. Die Bibel erklärt die Bibel am besten. Das Buch der Weisheit spricht vom 10. bis zum 19. Kapitel über die zehn Plagen. Zusammengefasst lässt sich sagen, dass hier Gott als ein machtvoller Gott vorgestellt wird, der die Ägypter hätte vollkommen auslöschen können. Aber er ist auch voller Erbarmen, ein Gott, der alle Wesen liebt und sich um ihre Umkehr bemüht.

Die Argumentationsstruktur im Buch der Weisheit sieht folgendermaßen aus:

(1) Götzenverehrung ist die Quelle allen Übels.

> *Die Verehrung der namenlosen Götzenbilder*
> *ist aller Übel Anfang, Ursache und Höhepunkt.*
> *Sie rasen im Freudentaumel, weissagen Lügen,*
> *leben in Ungerechtigkeit oder schwören leichthin*
> *einen Meineid. (Weish 15,18-19)*

(2) Die ägyptische Götzenverehrung ist besonders schlecht.

Jede Art von Götzendienst ist schlecht. Die Ägypter jedoch übten eine besonders degenerierte Form von Götzenverehrung aus. Sie beteten alle möglichen Dinge an, bis hin zu stummen und abstoßenden Tieren, wie z.B. Krokodile und Schlangen, ja sogar Frösche und Käfer.

> *Sie verehren sogar die widerlichsten Tiere,*
> *die dümmsten im Vergleich mit den anderen,*
> *solche, die nicht einmal schön sind,*
> *sodass man sie begehren könnte,*

Die Befreiung aus Ägypten

> *soweit das beim Anblick von Tieren möglich ist,*
> *die zudem Gottes Lob und seinen Segen verloren*
> *haben. (Weish 15,18-19)*

(3) Gott ist voller Erbarmen.

Gott ist mächtig. Es wäre ihm ein Leichtes gewesen, die Ägypter zu vernichten. Aber er liebte sie dennoch und bemühte sich um ihre Umkehr.

> *Aber abgesehen davon hätten sie durch einen*
> *einzigen Hauch fallen können,*
> *verfolgt von deinem Gericht*
> *und fortgeweht vom Sturm deiner Macht. [...]*
>
> *Du hast mit allen Erbarmen, weil du alles*
> *vermagst, und siehst über die Sünden*
> *der Menschen hinweg, damit sie umkehren.*
> *Du liebst alles, was ist, und verabscheust nichts*
> *von dem, was du gemacht hast;*
> *denn hättest du etwas gehasst, so hättest du es*
> *nicht geschaffen. (Weish 11,20.23-24)*

(4) Gottes Strafen sind erzieherische Maßnahmen.

Die Plagen sollten die Menschen zu ihrer Bekehrung führen. Jede Plage nimmt Bezug auf die Sünden Ägyptens. Dieses Prinzip taucht oft in der Bibel auf: Wir ernten, was wir säen. Gott peinigt die Ägypter mit genau den Tieren, die sie verehren. Dadurch will er seine Erhabenheit demonstrieren und ihnen die Nichtigkeit ihrer Götter vor Augen führen.

Zur Strafe für ihre unverständigen und unrechten Gedanken, von denen irregeführt sie vernunftlose Kriechtiere und unbedeutendes Getier verehrten, sandtest du ihnen eine Menge vernunftloser Tiere. Sie sollten erkennen: Man wird durch das bestraft, wodurch man sündigt. (Weish 11,15-16)

Daher hast du jene, die in Torheit und Unrecht dahinlebten, mit ihren eigenen Gräueln gepeinigt. Allzu weit waren sie in die Irre gegangen, als sie die allerhässlichsten und verachtetsten Tiere für Götter hielten und wie unverständige Kinder sich täuschen ließen. Darum hast du ihnen wie unvernünftigen Kindern eine Strafe gesandt, die sie zum Gespött machte. (Weish 12,23-25)
In ihren Leiden wurden sie zornig über die Tiere, die sie für Götter hielten und mit denen sie jetzt gestraft wurden.
So erfuhren sie jenen, von dem sie vorher nichts wissen wollten, und erkannten ihn als den wahren Gott; deshalb war ja auch die äußerste Strafe über sie gekommen. (Weish 12,27)

(5) Jede Plage ist in sich ein strategischer Angriff auf die ägyptischen Götter.

Die Befreiung aus Ägypten

In der ersten Plage bestraft Gott die Ägypter, indem er das Wasser des Nils in Blut verwandelt. Da der Nil in ihren Augen die Quelle ihres Lebens war, wurde er als ägyptische Gottheit mit dem Namen Hapi verehrt. Die Verwandlung des Nilwassers in Blut verdeutlicht sehr wirkungsvoll die Überlegenheit Gottes: Er tötet Hapi. Auch werden die Ägypter daran erinnert, dass sie die Säuglinge der Hebräer im Nil ertränkt haben.

Auch Frösche wurden in Ägypten verehrt. Sie sind sehr fruchtbare Tiere. Die Weibchen legen beim Laichen eine unglaublich große Zahl von Eiern. Deshalb wurde die ägyptische Göttin der Fruchtbarkeit namens Heqt als Frosch dargestellt. Durch die zweite Plage macht sich Gott gewissermaßen über Heqt lustig: Es scheint, als sei die Göttin der Fruchtbarkeit außer Rand und Band geraten.

Um die dritte Plage auszulösen, schlägt Aaron mit seinem Stab auf die Erde. Aus dem aufwirbelnden Staub entstehen Heerscharen von Stechmücken. Der ägyptische Gott Geb war Herrscher über den Staub der Erde. Dass die Ägypter Frösche anbeteten, ist schon kaum zu glauben – aber es kommt noch besser: Sie verehrten Käfer und Fliegen. Die Gottheit Khepri hatte den Kopf einer Fliege. In der vierten Plage lässt Gott Ungeziefer über das Land herfallen.

Die fünfte Plage brachte die Pest über die Nutztiere. Zahlreiche ägyptische Gottheiten standen in Verbindung mit solchen Tieren. Hathor, die Göttin der Liebe und des Schutzes, wurde oft mit dem Kopf einer Kuh dargestellt. Die Ägypter verehrten auch Apis, den Bullen-Gott, Verkörperung von Stärke und Fruchtbarkeit. Hamun wurde oft als Widder bzw. Mann mit dem Kopf eines Widders dargestellt. Weitere rinderartige Götter waren unter den Namen Bat, Buchis, Hesat und Mnevis bekannt.

Isis war die Göttin, die bei Krankheiten angerufen wurde. Sie wurde sicherlich um Heilung der Geschwüre in der sechsten Plage angefleht, doch Gott beweist ihre Unfähigkeit. Die Göttin Nut, Beschützerin des Wetters und des Himmels, ist ebenso wenig fähig, ihre Zuständigkeit wahrzunehmen und kann nichts gegen den Hagel der siebten Plage ausrichten. In der achten Plage schickt Gott Heuschreckenschwärme, die jegliche Ernte, die den Hagelsturm noch überstanden hatte, auffressen. Sobek war der ägyptische Gott der Insekten, Anubus der Gott der Felder. Die neunte Plage brachte eine dreitägige Finsternis über das Land. Das ist ein eindeutiger Verweis auf Ra, den Sonnengott. Er war der größte Gott der Ägypter.

(6) Da der Pharao alle Warnungen in den Wind schlägt, straft Gott ihn mit der zehnten Plage.

Diese Plage ist unglaublich hart, aber nicht ungerecht. Gott gab dem Pharao neun Gelegenheiten, sein Tun zu bereuen. Er aber geht nie darauf ein. Das Buch der Weisheit nennt die neun ersten Plagen lediglich ein „Gespött" (Weish 12,26). Gott ist gnädig und gesteht dem Pharao die Möglichkeit der Umkehr zu, doch stattdessen verhärtet er sein Herz. Daraufhin ereilt ihn und die Ägypter eine harte Strafe, um damit den Auszug der Israeliten zu erzwingen. Gott tötet alle erstgeborenen Söhne Ägyptens.

Die Befreiung aus Ägypten

> *Die sich aber durch eine Strafe, die sie zum Gespött macht, nicht warnen ließen, die werden eine Strafe erleiden, die der Macht Gottes entspricht. (Weish 12,26)*

Diese Strafe aber entspricht den vorhergehenden Gräueltaten, hatten doch die Ägypter das Leben der erstgeborenen Söhne der Israeliten auf dem Gewissen.

> *Sie hatten beschlossen, die Kinder der Heiligen zu töten: Da hast du für das eine ausgesetzte und gerettete Kind zur Strafe eine Menge ihrer eigenen Kinder weggenommen. (Weish 18,5)*

Gott tut den Ägyptern genau das an, was diese den Israeliten angetan hatten. Durch diese Plage zeigt Gott dem Pharao sein sündhaftes Verhalten auf, auf Warnungen hatte er ja nicht gehört.

> *Dann sag zum Pharao: So spricht der HERR: Israel ist mein erstgeborener Sohn. Ich sage dir: Lass meinen Sohn ziehen, damit er mir dienen kann! Wenn du dich weigerst, ihn ziehen zu lassen, bringe ich deinen erstgeborenen Sohn um. (Ex 4,22-23)*

Trotz all dieser Zeichen, die Gott gesandt hatte, um seine Existenz zu beweisen, verweigert der Pharao den Gehorsam. Nun schlägt Gott ihn mit genau den gleichen Waffen, die dieser gegen Israel eingesetzt hatte. Eine harte Strafe ist absolut notwendig, denn alle vorhergehenden Warnungen waren verachtet worden. Nur diese extreme Strafe kann am Ende den Pharao dazu bewegen, seine Meinung zu ändern.

> *Bisher waren sie durch die Künste ihrer Zauberer ungläubig geblieben; jetzt aber bekannten sie beim Untergang der Erstgeborenen: Dieses Volk ist Gottes Sohn. (Weish 18,13)*

> *Erst wenn ich meine Hand gegen die Ägypter ausstrecke, werden sie erkennen, dass ich der HERR bin, und dann werde ich die Israeliten aus ihrer Mitte herausführen. (Ex 7,5)*

Der Sieg

Die Bibelstelle, die den Durchzug durch das Rote Meer beschreibt, ist mühsam zu lesen. Details werden unnötig wiederholt und immer wieder ändert sich der Erzählstil. Ohne auf die Einzelheiten näher einzugehen: Bibelwissenschaftler gehen davon aus, dass die ersten Bücher der Bibel nicht zu einem bestimmten Zeitpunkt von einem einzigen Schreiber niedergeschrieben wurden. Sie wurden wohl eher aus verschiedenen schon existierenden Quellen zusammengesetzt. Eine genaue Analyse des 14. Kapitels ergab zwei verschiedene Beschreibungen des Durchzugs durch das Rote Meer, aus denen sich die beiden folgenden Texte rekonstruieren lassen, besonders zu beachten ist die nun gegebene innere Stimmigkeit der jeweiligen Zitate.

Die Befreiung aus Ägypten

Da erschraken die Israeliten sehr und schrien zum HERRN. Zu Mose sagten sie: Gab es denn keine Gräber in Ägypten, dass du uns zum Sterben in die Wüste holst? Was hast du uns da angetan, uns aus Ägypten herauszuführen? Haben wir dir in Ägypten nicht gleich gesagt: Lass uns in Ruhe! Wir wollen Sklaven der Ägypter bleiben; denn es ist für uns immer noch besser, Sklaven der Ägypter zu sein, als in der Wüste zu sterben. Mose aber sagte zum Volk: Fürchtet euch nicht! Bleibt stehen und schaut zu, wie der HERR euch heute rettet! Wie ihr die Ägypter heute seht, so seht ihr sie niemals wieder. Der HERR kämpft für euch, ihr aber könnt ruhig abwarten. Der Engel Gottes, der den Zug der Israeliten anführte, brach auf und ging nach hinten und die Wolkensäule brach auf und stellte sich hinter sie. Sie kam zwischen das Lager der Ägypter und das Lager der Israeliten. Die Wolke war da und Finsternis und Blitze erhellten die Nacht. So kamen sie die ganze Nacht einander nicht näher. Und der HERR trieb die ganze Nacht das Meer durch einen starken Ostwind fort. Er ließ das Meer austrocknen. Um die Zeit der Morgenwache blickte der HERR aus der Feuer- und Wolkensäule auf das Lager der Ägypter und brachte es in Verwirrung. Er hemmte die Räder an ihren Wagen und ließ sie nur schwer vorankommen. Da sagte der Ägypter: Ich muss vor Israel fliehen; denn der HERR kämpft auf ihrer Seite gegen Ägypten. Und gegen Morgen flutete das Meer an seinen alten Platz zurück, während die Ägypter auf der Flucht ihm entgegenliefen. So trieb der HERR die Ägypter mitten ins Meer. Nicht ein Einziger von ihnen blieb übrig. So rettete der HERR an jenem Tag Israel aus der Hand der Ägypter. Israel sah die Ägypter tot am Strand liegen. Als Israel sah, dass der HERR mit mächtiger Hand an den Ägyptern gehandelt hatte, fürchtete das Volk den HERRN. Sie glaubten an den HERRN und an Mose, seinen Knecht. (Ex 14,10b-14.19 20.21b.24. 25.27bc. 28b.30.31)

Als der Pharao sich näherte, blickten die Israeliten auf und sahen plötzlich die Ägypter von hinten anrücken. Da erschraken die Israeliten sehr und schrien zum HERRN. Der HERR sprach zu Mose: Was schreist du zu mir? Sag den Israeliten, sie sollen aufbrechen. Und du heb deinen Stab hoch, streck deine Hand über das Meer und spalte es, damit die Israeliten auf trockenem Boden in das Meer hineinziehen können! Ich aber will das Herz der Ägypter verhärten, damit sie hinter ihnen hineinziehen. So will ich am Pharao und an seiner ganzen Streitmacht, an seinen Streitwagen und Reitern meine Herrlichkeit erweisen. Die Ägypter sollen erkennen, dass ich der HERR bin, wenn ich am Pharao, an seinen Streitwagen und Reitern meine Herrlichkeit erweise. Mose streckte seine Hand über das Meer aus und das Wasser spaltete sich. Die Israeliten zogen auf trockenem Boden ins

Meer hinein, während rechts und links von ihnen das Wasser wie eine Mauer stand. Die Ägypter setzten ihnen nach; alle Pferde des Pharao, seine Streitwagen und Reiter zogen hinter ihnen ins Meer hinein. Darauf sprach der HERR zu Mose: Streck deine Hand über das Meer, damit das Wasser zurückflutet und den Ägypter, seine Wagen und Reiter zudeckt! Mose streckte seine Hand über das Meer. Das Wasser kehrte zurück und bedeckte Wagen und Reiter, die ganze Streitmacht des Pharao, die den Israeliten ins Meer nachgezogen war. Die Israeliten aber waren auf trockenem Boden mitten durch das Meer gezogen, während rechts und links von ihnen das Wasser wie eine Mauer stand. (Ex 14,10.15-18.21ac.22.23.26.27a.28a.29)

Die zentrale Botschaft ist beiden Erzählungen gemeinsam: Gott rettet sein Volk, und das ägyptische Heer kommt in den Wasserfluten um. In den Einzelheiten aber unterscheiden sie sich und betonen auf ihre Weise verschiedene theologische Wahrheiten.

Die erste der beiden Erzählungen zeigt uns Gott, der alleine handelt und die Ägypter in der Nacht erschlägt. Die Israeliten machen gar nichts – sie schlafen. „Fürchtet euch nicht! Bleibt stehen und schaut zu, wie der Herr euch heute rettet!" Sie sehen nur das Ergebnis am nächsten Morgen. In dieser Version handelt Gott nicht nur zugunsten Israels, er handelt an seiner Statt. Er erfüllt sein Versprechen: „Fürchte dich nicht, Abram, ich selbst bin dir ein Schild" (Gen 15,1).

In der zweiten Erzählung muss das Volk seiner Rettung entgegengehen. Es geht trockenen Fußes durch das geteilte Meer. So wie Noah und seine Familie durch das Wasser gerettet wurden, finden auch hier die Israeliten Rettung durch das Wasser. Die Wanderung durch das Wasser ist für das Volk Gottes ein Neuanfang. Eine neue Schöpfung beginnt.

Das verhärtete Herz

Bei der Lektüre von Exodus fragen sich viele, ob Gott den Pharao überhaupt gerecht behandelt. Es erscheint doch sehr ungerecht, wenn Gott mit aller Entschiedenheit das Herz des Pharao verhärtet, um ihn und die Ägypter dann für das zu bestrafen, was dieser unter dem Einfluss seines harten Herzens getan hat. Hat Gott es wirklich nötig, einen Bösewicht zu schaffen, damit er sein Handeln rechtfertigen kann? Benutzt er die Menschen und entledigt sich ihrer gerade so, wie es ihm gefällt? Doch Vorsicht – der Pharao war keineswegs ein Unschuldslamm oder ein gottesfürchtiger Mann! Vom ersten Kapitel an wird er als Feind Gottes und dessen Volkes beschrieben. Er unterdrückt und versklavt es und ordnet zu guter Letzt auch noch die Ermordung unschuldiger Kinder an. Er hat also schon von Anfang an ein hartes Herz. Außerdem: Bevor Gott das Herz des Pharao hart macht, heißt es, dass dieser sein Herz zuvor selber verhärtet.

> *Als der Pharao sah, dass die Not vorbei war, verschloss er sein Herz wieder und hörte nicht auf sie. [...] Das Herz des Pharao blieb hart. [...] Der Pharao aber verschloss sein Herz auch diesmal und ließ das Volk nicht ziehen. (Ex 8,11.15.28)*

Die Befreiung aus Ägypten

Gott tut dem Willen des Pharao keine Gewalt an. Nein, der Pharao persönlich hat den Weg des Bösen gewählt und hält stur an seiner Entscheidung fest.

In ihrem Buch „Walking with God" geben Tim Gray und Jeff Cavins eine gute Erklärung dazu:

> *Zwanzig Mal ist in den einführenden Kapiteln des Buches Exodus davon die Rede, dass der Pharao sein Herz verhärtet. Zehnmal verhärtet Gott das Herz des Pharao, zehnmal verhärtet es der Pharao selber. Das hebräische Verb kaved, das hier für „verhärten" verwendet wird, bedeutet „schwer machen". Ein schweres Herz hatte im alten Ägypten eine besondere Bedeutung. In den Gräbern und Tempeln fanden sich für gewöhnlich Inschriften, die das Urteil des Verstorbenen darstellten. Für dieses Urteil wurde das Herz auf eine Waagschale gelegt und gegen eine Feder gewogen, das Symbol für Wahrheit und Gerechtigkeit. War das Herz einer Person schwerer als die Feder, bedeutete das die Verdammnis. Das Buch Exodus berichtet davon, wie das Herz des Pharao auf der Waage der Wahrheit und Gerechtigkeit gewogen wird. Jedes Mal, wenn er Gottes Befehl verweigert und gegen Gott und die Wahrheit handelt, wird sein Herz schwerer. Gott verhärtet das Herz des Pharao insofern er ihm lediglich einen Befehl gibt, den der Pharao verweigert. Letztendlich verurteilt die Schwere seines Herzens den Pharao selber – nicht, weil Gott ihm sein Herz verhärtete, sondern weil er sich in seiner Antwort auf die Forderung nach Gerechtigkeit und Wahrheit als unzulänglich erwies.*[18]

---

[18] Gray, Tim und Cavins, Jeff: Walking with God. A journey through the Bible, West Chester, Pennsylvania, 2010, S. 67 (eigene Übersetzung).

Die natürlichen Ursachen der Plagen

Viele der Plagen sehen aus wie normale Naturkatastrophen. Aus diesem Grund haben einige Wissenschaftler versucht, sie einer Verkettung natürlicher Ursachen zuzuordnen. So gibt es z.B. Hinweise darauf, dass um 1200 v. Chr. die Temperaturen anstiegen und eine Dürre ins Land kam. Dieser Klimawandel könnte zu einer Austrocknung des Nils geführt haben, wodurch aus dem normalerweise rasch dahinfließenden Fluss ein gemächliches und schlammiges Wasserrinnsal wurde. Dies könnte das Wachstum der giftigen Algenart *Oscillatoria rubescens* gefördert haben. Möglicherweise hat sie beim Absterben das Wasser rot gefärbt.

Für die erste Plage wäre somit eine mögliche Erklärung gefunden und dadurch eventuell auch die Ursache für einige der nachfolgenden Plagen. Die giftigen Algen haben die Frösche vielleicht aus ihrem Lebensraum, dem Wasser, vertrieben (zweite Plage). Außerhalb des Wassers konnten die Tiere wohl nicht lange überleben. Mit dem Sterben der wichtigsten Fressfeinde der Insekten, könnten letztere sich dann explosionsartig vermehrt haben: dritte und vierte Plage. Als Überträger von Krankheiten könnten diese Insekten auch die fünfte und sechste Plage verursacht haben.

Etwa zur selben Zeit gab es eine weitere Naturkatastrophe: Ein gewaltiger Vulkanausbruch auf der Santorin-Inselgruppe im Mittelmeer schleuderte Unmengen vulkanischer Asche in die Atmosphäre. Vielleicht sind dadurch seltene Wetterphänomene und Gewitter (siebte Plage) entstanden, durch die der Himmel sich verfinsterte (neunte Plage).

Die Befreiung aus Ägypten

Was kann man daraus schließen? Gewiss sehen viele der Plagen wie reine Naturphänomene aus. Die biblischen Texte machen aber die Intention der Schreiber deutlich, die von den übernatürlichen Plagen berichten: Die Plagen sind Strafen Gottes, die die Ägypter trafen, weil sie die Hebräer so schlecht behandelten. Nun berücksichtigt aber eine gute Bibelauslegung immer die Absicht der Autoren, was ein Grundprinzip der Exegese ist.[19] Jeder Versuch, die Plagen auf rein natürliche Ursachen zurückzuführen, ohne das Eingreifen Gottes in Betracht zu ziehen, wird dieser Intention nicht gerecht und würde damit auf grundlegende Weise Botschaft und Aussage des Textes verändern. Sicher kann Gott sich der natürlichen Ursachen bedient haben, doch zumindest die Wucht, Dauer und das plötzliche Auftreten dieser Plagen in Verbindung mit deren drohenden Ankündigungen könnten die Handschrift Gottes tragen.

---

[19] Vgl. Vogelsang, Anton: Genesis. Ein Krimi mit Folgen, Köln, 2017, S. 21.

Auf den Spuren der geistlichen Bedeutung von Exodus 1-15

Ein neuer Exodus

Zu Jesu Zeiten lebte das Volk Israel in großer Erwartung eines neuen Exodus, den Gott herbeiführen würde. Die Vorstellung dieses Exodus hatte sich im Verlauf des Alten Testamentes langsam entwickelt. Um das besser zu verstehen, ist ein kleiner Exkurs zu den wichtigsten Geschehnissen rund um Israel notwendig.

Der Auszug aus Ägypten fand ungefähr im Jahr 1250 v. Chr. statt. Mit dem Einzug in das Gelobte Land eroberten die Israeliten es nach und nach. Unter König David (ca. 1.000 v. Chr.) wurden die zwölf Stämme Israels – mit Jerusalem als politischer und religiöser Hauptstadt – zu einem Königreich vereint.

Gott schloss mit David einen Bund. Er versprach ihm, dass sein Reich für immer Bestand haben und seine Söhne für immer den Platz seines Thrones einnehmen sollten. Unter König Salomo erreichte das Reich seinen Höhepunkt an Größe, Reichtum und Macht. Leider beging Salomo die Sünde der Götzenverehrung und brach damit den Bund. Daher teilte Gott das Reich nach seinem Tod in zwei Teile: das Nordreich Israel und das Südreich Juda. Die nachfolgenden Könige beider Reiche lernten nichts aus Salomos Fehler. Die meisten brachen den Bund mit Gott ebenfalls.

Gott sandte Propheten, die die Könige zurechtwiesen und sie zur Umkehr aufforderten. Die Herrscher aber hörten nicht auf sie und verfolgten sie. Deshalb bestrafte Gott die Herrscher: Er erlaubte dem König von Assur, Sargon II., im Jahre 722 v. Chr., das Nordreich Israel zu erobern. Sargon vertrieb die Israeliten, die sich in seinem ganzen Reich zerstreuten. Nach einiger Zeit waren sie vollkommen verschwunden. Keiner weiß, was mit ihnen geschehen ist.

Die Könige des Südreiches Juda änderten ihren schlechten Lebenswandel nicht, obwohl sie sahen, was dem Reich Israel zugestoßen war, und obwohl sie fortwährend von den Propheten gewarnt wurden. Daher wurde Jerusalem im Jahre 587 v. Chr. von Nebukadnezar, dem König von Babylonien, überfallen. Das Reich Davids gab es nicht mehr.

Die vollständige Vernichtung des Königreiches Davids und die Vertreibung seiner Bevölkerung führte zu einer großen Glaubenskrise. Zum einen sah es so aus, als habe Gott sein Versprechen gebrochen. Wie konnte das sein? War er etwa nicht mehr treu? Hatte er Israel im Stich gelassen? Hatte er denn den Bund mit Abraham, Mose und David vergessen? Zum anderen konnten die Juden die Rituale ihrer Religion nicht mehr vollziehen und ihre Opfer nicht mehr darbringen. Nach ihrem religiösen Gesetz war der Tempel in Jerusalem der einzig rechtmäßige Ort für die Schlachtopfer. Der Tempel aber lag in Ruinen, und die Gläubigen lebten weit weg.

In dieser Krise sandte Gott die Propheten, um das Volk zu trösten. Sie verkündeten, dass Gott weiterhin in Treue zu ihm halte und seinem Bund treu bleibe. Sie erinnerten das Volk an die Taten Gottes, die dieser in der Vergangenheit gewirkt hatte, besonders an die Befreiung aus der Sklaverei in Ägypten. Sie sagten, Gott würde wieder zum Wohle des Volkes handeln, man müsse ihm nur vertrauen und seinen Wegen folgen. Die Propheten weckten mit ihren flammenden Reden die Hoffnung des Volkes auf einen Messias. Der von Gott gesandte Retter würde die zersprengten Stämme Israels sammeln, sie in ihr Land zurückführen und das Reich Davids wiederaufbauen. Diese Gedanken bildeten einen wesentlichen Teil der prophetischen Lehren. Hier ein paar Beispiele:

*Darum siehe, Tage kommen - Spruch des HERRN -,
da sagt man nicht mehr: So wahr der HERR lebt,
der die Söhne Israels aus dem Land Ägypten heraufgeführt hat!, sondern: So wahr der HERR lebt,
der die Nachkommen des Hauses Israel aus dem Nordland und aus allen Ländern, in die er sie verstoßen hatte, heraufgeführt und zurückgebracht hat! Dann werden sie auf ihrem eigenen Boden wohnen. (Jer 23,7-8)*

*Sagt den Verzagten:
Seid stark, fürchtet euch nicht!
Seht, euer Gott!
Die Rache kommt, die Vergeltung Gottes!
Er selbst kommt und wird euch retten.*

*Der glühende Sand wird zum Teich
und das durstige Land zu sprudelnden Wassern.
Auf der Aue, wo sich Schakale lagern,
wird das Gras zu Schilfrohr und Papyrus.*

DIE BEFREIUNG AUS ÄGYPTEN

Dort wird es eine Straße, den Weg geben;
man nennt ihn den Heiligen Weg.
Kein Unreiner wird auf ihm einherziehen;
er gehört dem, der auf dem Weg geht,
und die Toren werden nicht abirren.

[...] Erlöste werden ihn gehen.
Die vom HERRN Befreiten kehren zurück
und kommen zum Zion mit Frohlocken.
Ewige Freude ist auf ihren Häuptern,
Jubel und Freude stellen sich ein,
Kummer und Seufzen entfliehen. (Jes 35,4.7-10)

Tröstet, tröstet mein Volk,
spricht euer Gott.
Redet Jerusalem zu Herzen und ruft ihr zu,
dass sie vollendet hat ihren Frondienst,
dass gesühnt ist ihre Schuld,
dass sie empfangen hat aus der Hand des HERRN
Doppeltes für all ihre Sünden!
Eine Stimme ruft:
In der Wüste bahnt den Weg des HERRN,
ebnet in der Steppe eine Straße für unseren Gott!
Jedes Tal soll sich heben,
jeder Berg und Hügel sich senken.
Was krumm ist, soll gerade werden,
und was hüglig ist, werde eben.
Dann offenbart sich die Herrlichkeit des HERRN [...].
(Jes 40,1-5)

Denkt nicht mehr an das, was früher war; auf das, was vergangen ist, achtet nicht mehr! Siehe, nun mache ich etwas Neues. Schon sprießt es, merkt ihr es nicht? Ja, ich lege einen Weg an durch die Wüste und Flüsse durchs Ödland. Die wilden Tiere werden mich preisen, die Schakale und Strauße, denn ich lasse in der Wüste Wasser fließen und Flüsse im Ödland, um mein Volk, mein erwähltes, zu tränken. Das Volk, das ich mir geformt habe, wird meinen Ruhm verkünden. (Jes 43,18-21)

Ich nehme euch heraus aus den Nationen, ich sammle euch aus allen Ländern und ich bringe euch zu eurem Ackerboden. Ich gieße reines Wasser über euch aus, dann werdet ihr rein. Ich reinige euch von aller Unreinheit und von allen euren Götzen. Ich gebe euch ein neues Herz und einen neuen Geist gebe ich in euer Inneres. Ich beseitige das Herz von Stein aus eurem Fleisch und gebe euch ein Herz von Fleisch. Ich gebe meinen Geist in euer Inneres und bewirke, dass ihr meinen Gesetzen folgt und auf meine Rechtsentscheide achtet und sie erfüllt. Dann werdet ihr in dem Land wohnen, das ich euren Vätern gegeben habe. Ihr werdet mir Volk sein und ich, ich werde euch Gott sein. (Ez 36,24-28)

Aus der Vielzahl der Zitate geht hervor, wie wichtig den Propheten der Gedanke an einen neuen Exodus war. Er wurde nicht nur

DIE BEFREIUNG AUS ÄGYPTEN

am Rande erwähnt, nein, er war eines der wichtigsten Themen. Im Laufe der Geschichte kehrten die Juden in ihr Land zurück, und sie durften Jerusalem und den Tempel wiederaufbauen. Den Ruhm und die Größe des Königreiches Davids erreichten sie allerdings nicht mehr. Um das Jahr 322 v. Chr. eroberte Alexander der Große Judäa und gliederte es in sein Reich ein.

Das erste und zweite Buch der Makkabäer berichten vom Aufstand der Juden im 2. Jh. v. Chr. Unter der Führung von Judas Makkabäus eroberten sie das Land Judäa zurück und bauten ein Königreich unter der Herrschaft von Judas Nachfahren auf. Diese Dynastie der Hasmonäer regierte von 164 bis 63 v. Chr., bis die Römer schließlich einfielen und Herodes zum König von Judäa ernannten.

Herodes der Große tat viel Gutes für die Juden. Er erweiterte ihre Grenzen, erneuerte den Tempel und errichtete viele weitere eindrucksvolle Bauten. Die Juden aber akzeptierten ihn zu keiner Zeit als rechtmäßigen König, wie sie auch die Hasmonäer nicht anerkannt hatten. Schließlich hatte Gott König David versprochen, dass einer seiner Nachkommen für ewig auf dem Thron sitzen würde. Daher war die Herrschaft der Hasmonäer nicht legitim, denn sie entstammten nicht dem Geschlecht Davids, sondern gehörten dem Stamm Levi an. Herodes der Große hatte es allerdings noch schwerer: Er war nicht einmal Jude, sondern ein Idumäer.

Soweit zum geschichtlichen und kulturellen Hintergrund Israels zur Zeit der Geburt Jesu. Allseits war man in Erwartung des unmittelbar bevorstehenden Kommens eines Messias. Er sollte ein

Sohn Davids sein, der Israel in einem neuen Exodus anführen würde. Er würde das Reich Davids wiederaufbauen und alle Versprechen einlösen, die Gott durch die Propheten verheißen hatte. Die Vorstellungen über den Messias gingen dabei jedoch weit auseinander. Einige erwarteten einen König, der Kriege führen und Israel vom römischen Joch befreien würde, doch andere warteten auf die Wiederherstellung Israels durch einen neuen Exodus.

Ein neuer Mose

Der inneren Logik der biblischen Rahmenerzählung entsprechend muss es bei einem neuen Exodus auch einen neuen Mose geben. Mose selbst hatte das vorausgesagt.

> *Einen Propheten wie mich wird dir der HERR, dein Gott, aus deiner Mitte, unter deinen Brüdern, erstehen lassen. Auf ihn sollt ihr hören. (Deut 18,15)*

Die Evangelisten, allen voran Matthäus, greifen diese Tradition auf und beschreiben Jesus als den neuen Mose. Matthäus hebt dabei viele Parallelen zwischen beiden hervor, zum Beispiel:

- Sowohl Jesus als auch Mose sind von Gott gesandt, um das Volk zu retten (vgl. Mt 1,21; Ex 3,10).
- Moses Leben ist in Gefahr, weil der Pharao den Befehl zum Mord an allen männlichen Säuglingen der Hebräer gibt (vgl. Ex 1,22). So ist auch Jesu Leben gefährdet, da Herodes den Befehl gibt, in Betlehem und Umgebung alle Knaben bis zu zwei Jahren zu töten (vgl. Mt 2,16).

- Jesus und Mose verbrachten beide ihre Kindheit in Ägypten (vgl. Mt 2,15).
- Jesus fastet vierzig Tage und Nächte in der Wüste (vgl. Mt 4,2). Mose tut genau das Gleiche (vgl. Ex 34,28).
- Jesus und Mose geben beide dem Volk ein Gesetz (vgl. Mt 5-7; Deut 5,1-21).
- Jesus nährt das Volk auf wundersame Weise mit Brot (vgl. Mt 14,13-21). Auch Mose ernährt das Volk mit Manna (vgl. Ex 16).
- Sowohl Jesus als auch Mose schließen einen Bund mit den Worten „Blut des Bundes" (vgl. Mt 26,28; Ex 24,8).

Auch der Evangelist Markus schreibt von Jesus als dem neuen Mose, der seine Jünger den Weg der Verheißung führt. Der „Weg" ist für Markus eines der wichtigsten Themen, denn in seinem Evangelium verwendet er dieses Wort wiederholte Male. Er beschreibt Jesus als einen, der seinen Weg geht – und dieser Weg führt ihn nach Jerusalem. Dort stirbt er am Kreuz.

> *Während sie auf dem Weg hinauf nach Jerusalem waren, ging Jesus voraus. (Mk 10,32)*

Was hat das mit dem neuen Exodus zu tun? „Odos" ist das griechische Wort für „Weg". Die griechische Präposition „Ex" bedeutet „aus, hinaus". Exodus bedeutet also „der Weg hinaus". Im Markus-Evangelium wird deutlich, dass Jesus seine Jünger einen neuen Weg führt – einen neuen Exodus. Gleich zu Beginn, nachdem er Jesus als den Messias (bzw. Christus im Griechischen) verkündet hat, spricht Markus vom Weg. Er zitiert die Prophezeiung Jesajas über den neuen Exodus.

> *Anfang des Evangeliums von Jesus Christus, Gottes Sohn. Wie geschrieben steht beim Propheten Jesaja - Siehe, ich sende meinen Boten vor dir her, der deinen Weg bahnen wird. Stimme eines Rufers in der Wüste: Bereitet den Weg des Herrn! Macht gerade seine Straßen! -, so trat Johannes der Täufer in der Wüste auf. (Mk 1,1-4)*

Dann beschreibt Markus, wie Jesus in das Wasser des Jordans eintaucht, um sich taufen zu lassen. Wie Mose beginnt Jesus den neuen Exodus mit dem Durchschreiten des Wassers.

> *Und es geschah in jenen Tagen, da kam Jesus aus Nazaret in Galiläa und ließ sich von Johannes im Jordan taufen. Und sogleich, als er aus dem Wasser stieg, sah er, dass der Himmel aufriss und der Geist wie eine Taube auf ihn herabkam. Und eine Stimme aus dem Himmel sprach: Du bist mein geliebter Sohn, an dir habe ich Wohlgefallen gefunden. (Mk 1,9-11)*

Einen großen Unterschied gibt es aber: Die geistige Dimension und Überlegenheit des neuen Exodus über den ursprünglichen. Mose teilte das Wasser. Als Jesus getauft wird, teilt es sich nicht. Stattdessen öffnet sich der Himmel. Das deutet an, dass sich der neue Exodus auf der geistigen Ebene abspielt. Das Ziel dieses neuen Exodus ist kein Ort auf dieser Erde oder auf der anderen Seite des Ufers, sondern der Himmel, das wahre Land der Verheißung. Das Gelobte Land des Alten Testamentes ist ein Vorausbild des Himmels.

Die Befreiung aus Ägypten

Jesu Weg führt in die Wüste, wo er vierzig Tage lang in Versuchung geführt wird. Das erinnert an die vierzig Tage, die Mose am Berg Sinai verbrachte und an die vierzig Jahre, die Israel durch die Wüste zog.

> *Und sogleich trieb der Geist Jesus in die Wüste. Jesus blieb vierzig Tage in der Wüste und wurde vom Satan in Versuchung geführt. Er lebte bei den wilden Tieren und die Engel dienten ihm. (Mk 1,12-13)*

Nächste Szene: Jesus ruft die ersten Apostel, um aus ihnen Menschenfischer zu machen.

> *Als Jesus am See von Galiläa entlangging, sah er Simon und Andreas, den Bruder des Simon, die auf dem See ihre Netze auswarfen; sie waren nämlich Fischer. Da sagte er zu ihnen: Kommt her, mir nach! Ich werde euch zu Menschenfischern machen. (Mk 1,16-17)*

Das ist ein direkter Verweis auf eine alttestamentliche Prophezeiung über den neuen Exodus. Jeremia hatte vorausgesagt, dass Gott im neuen Exodus Menschenfischer aussenden wird, die ihre Netze nach Menschen auswerfen. Die Apostel wissen das. Darum verlassen sie alles und folgen ihm. Sie wissen: Die Zeit des neuen Exodus ist gekommen.

> *So wahr der HERR lebt, der die Söhne Israels aus dem Nordland und aus allen Ländern, in die er sie verstoßen hatte, heraufgeführt hat. Ich bringe sie*

> zurück in ihr Heimatland, das ich ihren Vätern gegeben habe. Siehe, ich sende viele Fischer - Spruch des HERRN -, die sollen sie fischen. (Jer 16,15-16)

Dieser neue Exodus bzw. Weg führt Jesus nach Jerusalem, den Ort seiner Kreuzigung. Die ersten Christen waren sich sehr bewusst, dass sie mit Jesus einem neuen Weg – einem neuen Exodus – folgten. Daher sprachen sie selber von dem „Weg".

> Saulus wütete noch immer mit Drohung und Mord gegen die Jünger des Herrn. Er ging zum Hohepriester und erbat sich von ihm Briefe an die Synagogen in Damaskus, um die Anhänger des Weges Jesu, Männer und Frauen, die er dort finde, zu fesseln und nach Jerusalem zu bringen. (Apg 9,1-2)

> [Paulus erwiderte] Das allerdings bekenne ich dir: Dem Weg entsprechend, den sie eine Sekte nennen, diene ich dem Gott meiner Väter. Ich glaube an alles, was im Gesetz und in den Propheten steht. (Apg 24,14)

Ein neues Pascha

Beim ersten Exodus entscheidet das Volk Israel nicht einfach für sich, aus Ägypten auszuziehen. Sie wollten eigentlich gar nicht weg. Sie werden von Gott hinausgeführt. Die Nacht des Auszugs – Exodus – beginnt mit der Feier des Pascha-Festes. Dieses Ritual ist so wichtig, dass Mose anordnet, das Gedächtnis mit einem jährlichen Fest zu feiern.

Die Befreiung aus Ägypten

> *Diesen Tag sollt ihr als Gedenktag begehen. Feiert ihn als Fest für den HERRN! Für eure kommenden Generationen wird es eine ewige Satzung sein, das Fest zu feiern! (Ex 12,14)*

Um das besser zu verstehen, muss man das biblische Konzept von Gedächtnisfeiern kennen. Das ist äußerst wichtig. Wenn wir ein Ereignis der Vergangenheit feiern – z.B. einen Sieg im Krieg – erinnern wir uns daran, danken Gott dafür und beten für alle Verstorbenen. Das Ereignis selber aber bleibt in der Vergangenheit, wir haben keine Verbindung mehr dazu.

Anders bei den Juden: Bei einer Gedenkfeier erinnern sie sich nicht einfach nur an ein längst vergangenes Ereignis. Durch das Gedächtnis verbinden sie sich damit. Die Rituale vergegenwärtigen es, sodass die Feiernden selber daran teilhaben können. Wenn sie also das Pascha als ein Gedächtnis feiern, erinnern sie sich nicht einfach nur daran, dass Gott ihre Vorfahren aus der Sklaverei befreite. Wer das Pascha-Fest feiert, wird selbst aus der Sklaverei befreit. Der Katechismus erläutert diesen Gedanken folgendermaßen:

> *Im Sinn der Heiligen Schrift ist das Gedächtnis nicht nur ein Sich-Erinnern an Ereignisse der Vergangenheit, sondern die Verkündigung der großen Taten, die Gott für die Menschen getan hat. In der liturgischen Feier dieser Ereignisse werden sie gegenwärtig und wieder lebendig. Auf diese Weise versteht das Volk Israel seine Befreiung aus*

> *Ägypten: Jedesmal, wenn das Pascha gefeiert wird,
> werden die Ereignisse des Auszugs dem Gedächtnis
> der Gläubigen wieder gegenwärtig gemacht, damit
> diese ihr Leben diesen Ereignissen entsprechend
> gestalten. (KKK 1363)*

Wenn Jesus also der neue Mose ist, der sein Volk in einen neuen Exodus führen will, muss er auch ein neues Pascha einführen. Das tut er beim letzten Abendmahl. Als treuer Jude vollzieht Jesus dort die Rituale des Pascha-Festes.

> *Dann kam der Tag der Ungesäuerten Brote, an dem
> das Paschalamm geschlachtet werden musste. Jesus
> sandte Petrus und Johannes aus und sagte: Geht und
> bereitet das Paschamahl für uns vor, damit wir es
> essen können! Sie gingen und fanden alles so, wie er
> es ihnen gesagt hatte, und bereiteten das Pascha-
> mahl vor. Als die Stunde gekommen war, legte er
> sich mit den Aposteln zu Tisch. Und er sagte zu
> ihnen: Mit großer Sehnsucht habe ich danach ver-
> langt, vor meinem Leiden dieses Paschamahl mit
> euch zu essen. Denn ich sage euch: Ich werde es nicht
> mehr essen, bis es seine Erfüllung findet im Reich
> Gottes. (Lk 22,7- 8.13-16)*

Jesus legt großen Wert darauf, alle Regeln aus der Bibel und der jüdischen Tradition getreu zu erfüllen. Deshalb feiert er das Pascha in der Nacht in Jerusalem. Er isst das geopferte Lamm, trinkt den Wein und singt mit den Aposteln die Psalmen. Doch während er das traditionelle Paschamahl abhält, ändert er es auch und gibt ihm damit eine neue Bedeutung. Im Brennpunkt steht nicht mehr vorrangig das Paschalamm, sondern sein eigener Leib. Und wie Mose befiehlt auch er seinen Jüngern, dieses Pascha als Gedächtnis zu feiern.

> *Und er nahm Brot, sprach das Dankgebet, brach es und reichte es ihnen mit den Worten: Das ist mein Leib, der für euch hingegeben wird. Tut dies zu meinem Gedächtnis! Ebenso nahm er nach dem Mahl den Kelch und sagte: Dieser Kelch ist der Neue Bund in meinem Blut, das für euch vergossen wird. (Lk 22,19-20)*

Das Pascha im Buch Exodus ist daher ein Vorausbild auf Jesu Pascha.

> *Indem Jesus das Letzte Abendmahl mit seinen Aposteln im Lauf des Paschamahles feierte, gab er dem jüdischen Pascha seinen endgültigen Sinn. Der Hinübergang Jesu zu seinem Vater in Tod und Auferstehung – das neue Pascha – wurde im Abendmahl vorweggenommen. In der Eucharistie wird er gefeiert. Diese vollendet das jüdische Pascha und nimmt das endzeitliche Pascha der Kirche in der Herrlichkeit des Reiches vorweg. (KKK 1340)*

> *Der Tod Christi ist das österliche Opfer, worin „das Lamm Gottes, das die Sünde der Welt hinweg-*

nimmt", die endgültige Erlösung der Menschen vollzieht. Zugleich ist er das Opfer des Neuen Bundes, das den Menschen wieder in die Gemeinschaft mit Gott versetzt, indem er den Menschen mit Gott versöhnt durch das „Blut, ... das für viele vergossen wird zur Vergebung der Sünden". (KKK 613)

Seitdem feiert die Kirche in treuem Gehorsam zu Jesu Befehl in jeder heiligen Messe das Gedächtnis seines Leidens, seines Todes und seiner Auferstehung.

Das neue Paschalamm

Die Opferung eines fehlerlosen Lammes war ein wesentliches Element im jüdischen Pascharitual. Das gilt auch für das neue Pascha des neuen Exodus, das Jesus eingeführt hat. Der Unterschied: Im neuen Pascha ist Jesus nicht nur der Priester, der das Lamm opfert, er selbst ist das geopferte Lamm. Im Johannes-Evangelium erkennt Johannes der Täufer gleich zu Anfang seines Wirkens Jesus als das Lamm.

> *Seht, das Lamm Gottes, das die Sünde der Welt hinwegnimmt! (Joh 1,29)*

Johannes legt großen Wert auf die Feststellung, dass Jesus bei seiner Kreuzigung kein einziger Knochen gebrochen wird.

> *Denn das ist geschehen, damit sich das Schriftwort erfüllte: Man soll an ihm kein Gebein zerbrechen. (Joh 19,36)*

Die Befreiung aus Ägypten

Viele weitere Stellen im Neuen Testament schreiben von Jesus als dem neuen Paschalamm.

> *Denn als unser Paschalamm ist Christus geopfert worden. (1Kor 5,7)*

> *Ihr [wurdet] losgekauft [...] mit dem kostbaren Blut Christi, des Lammes ohne Fehl und Makel. (1Petr 1,18-19)*

> *Zwischen dem Thron und den vier Lebewesen und mitten unter den Ältesten stand ein Lamm; es sah aus wie geschlachtet [...]. Sie riefen mit lauter Stimme: Würdig ist das Lamm, das geschlachtet ist, Macht zu empfangen, Reichtum und Weisheit, Kraft und Ehre, Lob und Herrlichkeit. (Offb 5,6.12)*

Im ersten Pascha reichte es nicht aus, das Lamm einfach nur zu opfern. Die Juden mussten das Fleisch essen und das Blut musste an die Türpfosten des Hauses gestrichen werden. Wer das nicht tat, verlor seinen erstgeborenen Sohn, wie es auch bei den Ägyptern geschehen war. Wie aber konnte das Blut des Lammes den Todesengel abwehren? Der heilige Johannes Chrysostomos, Kirchenvater des 4. Jahrhunderts, schreibt dazu:

> *Willst du erfahren, welche Kraft das Blut Christi besitzt? Dann lass uns zurückgehen bis zu dem Vorausbild. Auf das frühe Vorausbild wollen wir uns besinnen und die Niederschrift aus der Vergangenheit erzählen.*

Mose sagt: „Tötet ein einjähriges Lamm und bestreicht mit seinem Blut die Tür." Was sagst du da, Mose? Kann denn das Blut eines Lammes den vernunftbegabten Menschen befreien? Gewiss, sagt er, weil es auf das Blut des Herrn verweist. Wenn der Feind nicht das Blut des Vorbildes am Pfosten, sondern auf den Lippen der Glaubenden das kostbare Blut der Wahrheit leuchten sieht, mit dem der Tempel Christi geweiht ist, dann weicht er viel weiter zurück.[20]

Das Lamm im Pascha-Fest des Alten Testamentes ist ein Vorausbild für Jesus. So wie die Israeliten das Fleisch des Lammes essen und die Türen mit dem Blut besprengen sollten, so sollen auch wir im neuen Pascha das Fleisch des Lammes essen und sein Blut trinken.

Während des Mahls nahm Jesus das Brot und sprach den Lobpreis; dann brach er das Brot, reichte es den Jüngern und sagte: Nehmt und esst; das ist mein Leib. Dann nahm er den Kelch, sprach das Dankgebet, gab ihn den Jüngern und sagte: Trinkt alle daraus; das ist mein Blut des Bundes, das für viele vergossen wird zur Vergebung der Sünden. (Mt 26,26-28)

---

[20] Hl. Johannes Chrysostomus, Taufkatechese Nr. 3, 16ff, in: Lektionar zum Stundenbuch I/2, Freiburg im Breisgau, 2006, S. 195 f. (Lesung zum Karfreitag, Lesejahr 1).

DIE BEFREIUNG AUS ÄGYPTEN

Die Taufe

Im Buch Exodus ist der Durchzug durch das Rote Meer ebenfalls ein Vorausbild. Er weist auf das Sakrament der Taufe hin. Als die Israeliten durch die geteilten Fluten des Roten Meeres zogen, wurden sie endlich aus ihrer Sklaverei und der Unterdrückung durch den Pharao befreit – sie wurden zu Gottes auserwähltem Volk. So werden auch wir Christen durch das Wasser der Taufe aus der Sklaverei Satans und der Sünde befreit und werden zu Kindern Gottes.

Diese typologische Verbindung zwischen dem Durchzug durch das Rote Meer und der Taufe lehrt die Schrift mit den Worten des heiligen Paulus:

> *Ihr sollt wissen, Brüder und Schwestern, dass unsere Väter alle unter der Wolke waren, alle durch das Meer zogen und alle auf Mose getauft wurden in der Wolke und im Meer. (1Kor 10,1-2)*

Der katholische Katechismus lehrt hierzu:

> *Wir können ein tieferes Verständnis der Ereignisse gewinnen, wenn wir die Bedeutung erkennen, die sie in Christus haben. So ist der Durchzug durch das Rote Meer ein Zeichen des Sieges Christi und damit der Taufe. (KKK 117)*

> *So kündigt vor allem der Durchzug durch das Rote Meer – die wirkliche Befreiung Israels aus der*

Knechtschaft in Ägypten – die durch die Taufe bewirkte Befreiung an. (KKK 1221)

Auch die Kirchenväter sprachen davon, zum Beispiel:

„Wie der Hirsch lechtzt nach frischem Wasser, so lechzt meine Seele Gott, nach dir" (Ps 41,2). Wie jene Hirsche nach frischem Wasser lechzen, so auch die Täuflinge, die gleichsam aus Ägypten und der Welt ausgezogen sind und im Wasser der Taufe den Pharao und sein ganzes Heer getötet haben.[21]

Du hast nicht gesehen, wie der Pharao mit seinen Waffen unterging. Aber du siehst, wie der Teufel mit seiner Waffenrüstung verschlungen wird. Die Juden durchzogen damals das Meer, du gehst durch den Tod hindurch. Sie wurden aus der Hand der Ägypter befreit, du wirst frei von der Macht der Dämonen. Die Juden entkamen einer grausamen Knechtschaft, du der noch viel schlimmeren, der Sünde.[22]

Die Verbindung zwischen der Taufe und dem Roten Meer findet auch in der Liturgie der Kirche ihren Ausdruck. In der Osternacht spricht der Priester folgendes Gebet:

Herr, unser Gott,
du hast uns durch das Licht des Neuen Bundes

---

[21] Hl. Hieronymus, Predigt zum Psalm 41, in: Lektionar zum Stundenbuch I/6, Freiburg im Breisgau, 2009, S. 60 (Lesung zum Mittwoch der 15. Woche im Jahreskreis, Lesejahr 1).
[22] Hl. Johannes Chrysostomus, Catechesis 3, 24-27: SCh 50, in: Lektionar zum Stundenbuch II/2, Freiburg im Breisgau, 2012, S. 62 (Montag der 2. Woche der Fastenzeit, Lesejahr 2).

Die Befreiung aus Ägypten

> *den Sinn der Wunder erschlossen,*
> *die du im Alten Bund gewirkt hast:*
> *Das Rote Meer*
> *ist ein Bild für das Wasser der Taufe;*
> *das befreite Volk Israel deutet hin*
> *auf das heilige Volk des neuen Bundes.*
> *Gib, dass alle Menschen durch den Glauben*
> *an der Würde Israels teilhaben*
> *und im Heiligen Geist*
> *die Gnade der Wiedergeburt empfangen.*
> *Darum bitten wir durch Christus, unseren Herrn.*[23]

Das Taufwasser segnet der Priester mit folgenden Worten:

> *Allmächtiger, ewiger Gott, deine unsichtbare Macht*
> *bewirkt das Heil der Menschen durch*
> *sichtbare Zeichen. Auf vielfältige Weise hast du*
> *das Wasser dazu erwählt, dass es hinweise*
> *auf das Geheimnis der Taufe. [...]*

> *Als die Kinder Abrahams,*
> *aus Pharaos Knechtschaft befreit,*
> *trockenen Fußes das Rote Meer durchschritten,*
> *da waren sie ein Bild deiner Gläubigen,*
> *die durch das Wasser der Taufe aus der Knechtschaft*
> *des Bösen befreit sind.*[24]

---

[23] Messbuch (Kleinausgabe), Freiburg und Basel, 2001, S. 89.
[24] Ebd., S. 97-98.

KAPITEL 2

DER BUNDESSCHLUSS AM BERG SINAI

Der Bundesschluss am Berg Sinai

Übersicht über die Handlung

Nach dem Durchzug durch das Rote Meer führt Mose das Volk durch die Wüste zum Berg Sinai. Er legt ihm nahe, auf Gott zu vertrauen und seiner Weisung zu folgen:

> *Er sagte: Wenn du auf die Stimme des HERRN, deines Gottes, hörst und tust, was in seinen Augen recht ist, wenn du seinen Geboten gehorchst und auf alle seine Gesetze achtest, werde ich dir keine der Krankheiten schicken, die ich den Ägyptern geschickt habe. Denn ich bin der HERR, dein Arzt. (Ex 15,26)*

Doch sobald Schwierigkeiten auftauchen, bringen die Israeliten anstelle von Vertrauen und Gehorsam nur Beschwerden gegen Gott und Mose hervor. Sie geraten sogar in Versuchung, nach Ägypten zurückzukehren.

> *Wären wir doch im Land Ägypten durch die Hand des HERRN gestorben, als wir an den Fleischtöpfen saßen und Brot genug zu essen hatten. Ihr habt uns nur deshalb in diese Wüste geführt, um alle, die hier versammelt sind, an Hunger sterben zu lassen. (Ex 16,3)*

Trotz all ihrer Klagen bleibt Gott immer bei ihnen, kümmert sich um sie und beschützt sie. Er gibt ihnen Wasser und Nahrung, wenn es knapp wird, und steht ihnen im Kampf gegen die Feinde bei. Die Nahrung, die er ihnen schenkt, ist etwas ganz Besonderes: MANNA, Brot vom Himmel.

Am Morgen lag eine Schicht von Tau rings um das Lager. Als sich die Tauschicht gehoben hatte, lag auf dem Wüstenboden etwas Feines, Knuspriges, fein wie Reif, auf der Erde. Als das die Israeliten sahen, sagten sie zueinander: Was ist das? Denn sie wussten nicht, was es war. Da sagte Mose zu ihnen: Das ist das Brot, das der HERR euch zu essen gibt. (...) Das Haus Israel nannte das Brot Manna. Es war weiß wie Koriandersamen und schmeckte wie Honigkuchen. (Ex 16,13-15.31)

Drei Monate nach ihrem Auszug aus Ägypten schlagen die Israeliten ihr Lager am Berg Sinai auf. Hier bietet Gott ihnen an, einen Bund mit ihm zu schließen. Sie stimmen zu und bereiten sich auf die Begegnung mit Gott vor: Sie waschen ihre Kleider und verzichten auf Geschlechtsverkehr. Am dritten Tag steigt Gott in der Gestalt einer großen Wolke auf den Berg herab, begleitet von Blitz, Donner und Trompetenschall. Das Volk gerät in Angst und hält respektvoll Abstand. Es bittet Mose, als Vermittler vor Gott zu treten.

Gott spricht mit Mose und gibt ihm die Gesetze des Bundes. Sie beinhalten die zehn Gebote sowie eine Sammlung von 52 weiteren Gesetzen, die das sogenannte Buch des Bundes bilden (vgl. Ex 24,7) und die zehn Gebote in vielen Details erläutern. Es sind gesellschaftliche und religiöse Regeln, die das Leben im täglichen Miteinander in bestimmten Bahnen lenken und ihm Struktur verleihen. Sie definieren z.B. die Behandlung von Sklaven, die Fälle für wichtige Strafen, das Vergeltungsprinzip („Auge um Auge,

Zahn um Zahn"), die Verteidigung der Schwachen usw. Diese Gesetze bestimmen auch den Ablauf der wichtigsten Feste.

Mose schreibt all diese Gesetze nieder und liest sie dann dem Volk vor. Es antwortet darauf einstimmig: „Alles, was der HERR gesagt hat, wollen wir tun; und wir wollen es hören" (Ex 24,7). Nun stellt Mose einen Altar auf, den er mit der Hälfte des Blutes von geopferten Stieren besprengt. Mit der anderen Hälfte besprengt er das Volk. Durch dieses Ritual ist der Bund besiegelt. Schließlich steigen Mose und Aaron zusammen mit 72 der Ältesten den Berg hinauf, um in der Gegenwart Gottes zu essen und zu trinken.

> *Danach stiegen Mose, Aaron, Nadab, Abihu und die siebzig von den Ältesten Israels hinauf und sie schauten den Gott Israels. Die Fläche unter seinen Füßen war wie mit blauem Edelstein ausgelegt und glänzte hell wie der Himmel selbst. Gott streckte seine Hand nicht gegen die Vornehmen der Israeliten aus; sie durften Gott schauen und sie aßen und tranken. (Ex 24,9-11)*

Nach diesem Bundesschluss ruft Gott Mose noch einmal auf den Berg, um ihm die steinernen Tafeln mit den zehn Geboten zu geben. Mose verweilt dort vierzig Tage und vierzig Nächte und nimmt auch noch weitere Anweisungen entgegen: Für den Bau der Bundeslade, des Offenbarungszeltes und anderer heiliger Gegenstände, wie die Altäre, den siebenarmigen Leuchter (Menora) und für die Gestaltung der priesterlichen Gewänder. Auch die Bestimmungen zur Priesterweihe erhält er hier.

Diese sehr ausführlich und detailliert beschriebenen Anweisungen erstrecken sich über die Kapitel 25 bis 31. Man ertappt sich schnell dabei, diese Seiten zu überschlagen, doch das sollte man nicht tun. Die vielen Details sind von hoher symbolischer Bedeutung und daher sehr wichtig. Darauf aber soll später noch eingegangen werden. So war z.b. das Offenbarungszelt, auch Stiftshütte genannt, ein mobiles Zelt, in dem Gott wohnte und in dem ihm Weihrauchopfer dargebracht wurden.

Leider ist der Bund zwischen Gott und Israel nicht von langer Dauer – er hält kaum vierzig Tage. Weil Mose lange auf dem Berg verweilt, wenden sich die Israeliten mit der Bitte an Aaron, ihnen ein Götterbild zu machen. Er sammelt daraufhin ihr Gold ein und gießt ein Kalb daraus, das sie von da ab anbeten.

> *Er nahm [die goldenen Ohrringe] aus ihrer Hand. Und er bearbeitete sie mit einem Werkzeug und machte daraus ein gegossenes Kalb. Da sagten sie: Das sind deine Götter, Israel, die dich aus dem Land Ägypten heraufgeführt haben. Als Aaron das sah, baute er vor ihm einen Altar und rief aus: Morgen ist ein Fest für den HERRN. Früh am Morgen standen sie auf, brachten Brandopfer dar und führten Tiere für das Heilsopfer herbei. Das Volk setzte sich zum Essen und Trinken und stand auf, um sich zu vergnügen. (Ex 32,4-6)*

Über die Bedeutung des goldenen Kalbes sind sich die Bibelwissenschaftler nicht ganz einig: Sollte damit ein Kultbild Gottes oder einer anderen heidnischen Gottheit hergestellt werden? Die Stiere wurden wegen ihrer Körperkraft von vielen Völkern im Mittelmeerraum verehrt. Auch die Ägypter verehrten mit Apis einen heiligen Stier als Gottheit. Einige Exegeten glauben, dass die Israeliten diesen Kult in der Wüste wiederaufleben ließen und dem Stier Apis ihre Befreiung zuschrieben. Sie waren ja gerade erst aus Ägypten ausgezogen, wo sie 430 Jahre lang gelebt und die fremde Kultur übernommen hatten.

Vielleicht aber wollte das Volk sich auch ein Kultbild von Gott selber machen. Es brauchte etwas, das es sehen und anfassen konnte, um sich seines Schutzes zu vergewissern. Aber scheinbar suchte es auch nach einer Möglichkeit, Kontrolle über Gott zu gewinnen, wie es bei den heidnischen Ritualen geschieht.

Was auch immer zutreffen mag, diese Handlung stellte ein schweres Vergehen gegen den mit Gott geschlossenen Bund dar. Das Gesetz verbot ausdrücklich, Kultbilder herzustellen, um sie anzubeten.

> *Du sollst dir kein Kultbild machen und keine Gestalt von irgendetwas am Himmel droben, auf der Erde unten oder im Wasser unter der Erde. Du sollst dich nicht vor ihnen niederwerfen und ihnen nicht dienen. (Ex 20,4-5)*

Diese heidnischen Gebräuche waren auch deshalb äußerst problematisch, weil sie gegen die Moral verstießen. Der Ausdruck „das Volk (…) stand auf, um sich zu vergnügen" (Ex 32,6) ist eine harmlose Umschreibung für sexuelle Orgien. Das Volk war zur Heiligkeit vor dem Herrn berufen. Stattdessen erniedrigt es sich selbst, indem es ein goldenes Kalb anbetet und sich moralisch verwerflich verhält. Gott, der alles sieht, entbrennt in Zorn gegen die Israeliten, und er droht damit, sie zu vernichten.

> *Weiter sprach der HERR zu Mose: Ich habe dieses Volk gesehen und siehe, es ist ein hartnäckiges Volk. Jetzt lass mich, damit mein Zorn gegen sie entbrennt und sie verzehrt! Dich aber will ich zu einem großen Volk machen. (Ex 32,9-10)*

Mose tritt bei Gott für das Volk ein, so dass dieser seinen Entschluss bereut und Israel nicht vernichtet.

Nach diesem Gespräch steigt Mose vom Berg herab, im Gepäck zwei Gesetzestafeln. Als er den Lärm des wüsten Gelages hört und das Volk um das goldene Kalb tanzen sieht, bricht er seinerseits in Zorn aus. Er zerschmettert die beiden Tafeln zum Zeichen dafür, dass der Bund mit Gott gebrochen ist. Er verbrennt das Kalb im Feuer, zermahlt es zu Pulver und zwingt das Volk, es mit Wasser vermischt zu trinken. Dann konfrontiert er Aaron mit dessen Vergehen. Der wiederum reagiert wie Adam seinerzeit: Er schiebt die Schuld auf die anderen, anstatt demütig seinen Fehler einzugestehen.

> *Aaron erwiderte: Mein Herr möge sich doch nicht vom Zorn hinreißen lassen. Du kennst das Volk, es ist böse. Sie haben zu mir gesagt: Mach uns Götter,*

> *die uns vorangehen! Denn dieser Mose, der Mann, der uns aus dem Land Ägypten heraufgeführt hat - wir wissen nicht, was mit ihm geschehen ist. Da habe ich zu ihnen gesagt: Wer Goldschmuck trägt, soll ihn ablegen. Sie haben es mir übergeben, ich habe es ins Feuer geworfen und herausgekommen ist dieses Kalb. (Ex 32,22-24)*

Was nun folgt, ist eine äußerst dramatische Szene. Als Mose sieht, dass das Volk völlig außer Kontrolle gerät und sich nicht mehr zügeln lässt, ruft er laut: „Wer für den HERRN ist, her zu mir!" (Ex 32,26). Der Stamm der Leviten versammelt sich daraufhin um ihn. Auf Moses Befehl ziehen sie durch das Lager und töten alle, die sich dieser Sünde gegen Gott schuldig gemacht hatten – insgesamt sterben etwa 3000 Menschen.

> *Mose trat in das Lagertor und sagte: Wer für den HERRN ist, her zu mir! Da sammelten sich alle Leviten um ihn. Er sagte zu ihnen: So spricht der HERR, der Gott Israels: Jeder lege sein Schwert an. Zieht durch das Lager von Tor zu Tor! Jeder erschlage seinen Bruder, seinen Freund, seinen Nachbarn. (Ex 32,26-27)*

Aus dem Text geht nicht genau hervor, ob nicht auch die Leviten gesündigt haben. Aufgrund ihres Eifers für den Herrn aber weiht Mose sie zu Priestern. Der Bund, der durch die Sünde gebrochen war, sah eigentlich vor, dass ganz Israel ein Volk von Priestern wird. Wegen ihrer Sünde aber verlieren die Israeliten die Priesterwürde, die Gott nur noch den Leviten gibt. Von nun an sind lediglich die Leviten und ihre Nachkommen für das Priestertum bestimmt.

Am Tag darauf steigt Mose wieder auf den Berg und tritt vor den Herrn, um für die Sünde des Volkes zu büßen. Er bittet Gott um Vergebung. Gott vernichtet das Volk zwar nicht, aber die Bibel spricht hier dennoch von einer Bestrafung. Wie diese aussieht, wissen wir nicht.

Schließlich fordert Gott Mose auf, die Israeliten in das Land zu führen, das er Abrahams Nachkommen versprochen hat. Ihrer Halsstarrigkeit wegen will Gott zuerst nicht mehr mit ihnen gehen, denn er könnte sich auf dem Weg doch noch entschließen, sie zu vernichten. Ein Engel soll sie an seiner Statt führen. In einem vertraulichen Gespräch aber überredet Mose ihn, seine Meinung zu ändern. Gott erneuert also den Bund. Als Mose vom Berg zurückkehrt, strahlt sein Gesicht so hell, dass er es mit einem Schleier bedecken muss.

Nun, da der Bund erneuert ist, macht sich Mose an die Errichtung des Offenbarungszeltes und aller anderen Dinge, die Gott angeordnet hat. Genau ein Jahr nach dem Auszug aus Ägypten stellt Mose das Offenbarungszelt auf und die Herrlichkeit des Herrn hält darin Einzug.

> *Mose machte alles so, wie es der HERR ihm geboten hatte. So machte er es. Im zweiten Jahr, am ersten Tag des ersten Monats, stellte man die Wohnung auf. (Ex 40,16-17)*

> *Dann bedeckte die Wolke das Offenbarungszelt und die Herrlichkeit des HERRN erfüllte die Wohnung. Mose konnte das Offenbarungszelt nicht betreten, denn die Wolke wohnte darauf und die Herrlichkeit des HERRN erfüllte die Wohnung. Immer, wenn die Wolke sich von der Wohnung erhob, brachen die Israeliten auf zu all ihren Wanderungen. Wenn sich aber die Wolke nicht erhob, brachen sie nicht auf, bis zu dem Tag, an dem sie sich erhob. Bei Tag schwebte die Wolke des HERRN über der Wohnung, bei Nacht aber war Feuer in ihr vor den Augen des ganzen Hauses Israel auf all ihren Wanderungen. (Ex 40,34-38)*

Entwicklung der Charaktere

Was erfahren wir in Exodus 15,22 bis Exodus 40 über die wichtigsten Persönlichkeiten?

Der Charakter Gottes:

Wer ist Gott? Wie ist er? Bisher konnte man den Charakter Gottes aus seinen Handlungen erschließen. So ist aus dem Schöpfungsbericht des ersten und zweiten Kapitels von Genesis erkennbar, dass Gott ein souveräner, machtvoller, weiser, friedvoller, persönlicher, gütiger und väterlicher Schöpfer ist. Im Buch Exodus aber steht geschrieben:

> *Der HERR ging vor seinem Angesicht vorüber und rief: Der HERR ist der HERR, ein barmherziger und gnädiger Gott, langmütig und reich an Huld und Treue: Er bewahrt tausend Generationen Huld, nimmt Schuld, Frevel und Sünde weg, aber er spricht nicht einfach frei, er sucht die Schuld der Väter bei den Söhnen und Enkeln heim, bis zur dritten und vierten Generation. (Ex 34,6-7)*

Zum ersten Mal in der Bibel beschreibt Gott sich selber, wie er ist. Was erfährt man hier über ihn? Es fällt auf, dass Gott hin- und hergerissen ist. Einerseits ist er voll Liebe und Erbarmen, andererseits sind ihm die bösen Taten der Menschen nicht gleichgültig. Über allem aber steht seine Treue. Seinen Verheißungen, die er in den Bundesschlüssen ausspricht, bleibt er immer treu.

Jahrhunderte später beschreibt der Prophet Jesaia Gottes Treue in folgendem Bild:

> *Kann denn eine Frau ihr Kindlein vergessen,*
> *ohne Erbarmen sein gegenüber ihrem*
> *leiblichen Sohn?*
> *Und selbst wenn sie ihn vergisst:*
> *Ich vergesse dich nicht. (Jes 49,15)*

Diese Verlässlichkeit Gottes im Hinblick auf sein Versprechen ist der Grundstein der christlichen Hoffnung. So lehrt es auch der Katechismus:

> *Die Hoffnung ist jene göttliche Tugend, durch die wir uns nach dem Himmelreich und dem ewigen Leben als unserem Glück sehnen, indem wir auf die Verheißungen Christi vertrauen und uns nicht auf unsere Kräfte, sondern auf die Gnadenhilfe des Heiligen Geistes verlassen. „Laßt uns an dem unwandelbaren Bekenntnis der Hoffnung festhalten, denn er, der die Verheißung gegeben hat, ist treu." (KKK 1817).*

Mose: Demütiger Anführer und Freund Gottes

Als die Israeliten den Bund brechen, droht Gott damit, sie auszulöschen. Aber er lässt sich von Mose umstimmen, weil dieser ihn um Gnade für das Volk anfleht (vgl. Ex 32,14). Später fordert Gott Mose auf, die Israeliten in das Gelobte Land zu führen, er selber will sie aber nicht mehr begleiten.

> *Ich selbst ziehe nicht in deiner Mitte hinauf, damit ich dich unterwegs nicht vertilge, denn du bist ein hartnäckiges Volk. (Ex 33,3)*

Auch hier setzt sich Mose wieder für das Volk ein. Es gelingt ihm ein zweites Mal, Gott umzustimmen (vgl. Ex 33,14). Was hat das zu bedeuten? Ist Gott wankelmütig? Leidet er etwa unter Stimmungsschwankungen? Nein, weder ist er wechselhaft noch treiben ihn seine Launen um. Durch sein augenscheinlich seltsames Verhalten prüft er Moses Charakter und seine Führungsqualitäten. Ist er wirklich der geeignete Mann, um das Volk anzuführen? Gott prüft Moses Demut, indem er ihm die Möglichkeit eröffnet, Abrahams Platz in der Erlösungsgeschichte einzunehmen. Gott könnte das Volk vernichten, um noch einmal von vorne anzufangen – dieses Mal mit Mose und seinen Nachkommen. Mose soll also die Ehre zuteil werden, die eigentlich Abraham zugesagt war. Wird Mose demütig genug sein, um die Ehre Gottes und das Wohlergehen des Volkes über seine eigenen Interessen zu stellen?

Mose ist mit dem Vorschlag Gottes nicht einverstanden. Er fleht um Gnade für das Volk und führt drei Argumente an, warum es nicht vernichtet werden sollte. Erstens sei es Gottes eigenes Volk, das er „mit großer Macht und starker Hand" (Ex 32,11) befreit hat. Dann argumentiert er, dass er, Gott, vor den Ägyptern ziemlich schlecht dastehen würde. Denn sie würden sagen, er habe die Israeliten nur aus Ägypten herausgeführt, um sie in der Wüste umkommen zu lassen. Schließlich erinnert er Gott an den Bund, den er mit Abraham, Isaak und Jakob geschlossen hat mit dem Versprechen, ihren Nachkommen das Land zu geben.

Mose besteht den Test mit Bravour. Seine Antworten zeugen von seiner Demut, die ihn befähigt, das Volk zu führen. Sie ist ein Beweis dafür, dass ihm Gottes Ehre und das Wohlergehen des Volkes wichtiger sind als sein eigener Nutzen.

Durch seine Antworten zeigt er auch, wie sehr er Gottes Wesen verstanden hat. Zwar leugnet er nicht, dass das Volk falsch gehandelt hat und eine Strafe sehr wohl verdienen würde. Aber er verteidigt es. Er appelliert an Gottes Wesensart und führt das einzig wirklich gültige Argument an, warum das Volk vor der Vernichtung bewahrt bleiben sollte: Gottes Treue zu seinen eigenen Verheißungen.

Gott kann Israel gar nicht vernichten, denn er ist an sein Versprechen, das er den Vorvätern gegeben hat, gebunden. Moses Gnadengesuch stimmt ihn nicht wirklich um. Gott ermöglicht Mose aber, für Israel einzutreten und auf die einzige Grundlage für sein Bitten, nämlich Gottes Treue, hinzuweisen. Daraufhin handelt Gott seinem Versprechen gemäß so, wie er es ohnehin vorhatte.

Mose ist nicht nur ein Diener Gottes und ein Prophet, Gott nennt ihn seinen vertrauten Freund.

> *Der HERR erwiderte Mose: Auch das, was du jetzt verlangt hast, will ich tun; denn du hast Gnade in meinen Augen gefunden und ich kenne dich mit Namen. (Ex 33,17)*

Warum sind beide so eng verbunden? Mose ist demütig. Ihm sind Gottes Absichten wirklich wichtig. Je mehr er nach der Ehre Gottes trachtet, desto näher kommt Gott ihm.

> *Dann sagte [Mose]: Lass mich doch deine Herrlichkeit schauen! Da sagte [Gott]: Ich will meine ganze Güte vor dir vorüberziehen lassen und den Namen des HERRN vor dir ausrufen. Ich bin gnädig, wem ich gnädig bin, und ich bin barmherzig, wem ich barmherzig bin. Weiter sprach er: Du kannst mein*

> *Angesicht nicht schauen; denn kein Mensch kann mich schauen und am Leben bleiben. Dann sprach der HERR: Siehe, da ist ein Ort bei mir, stell dich da auf den Felsen! Wenn meine Herrlichkeit vorüberzieht, stelle ich dich in den Felsspalt und halte meine Hand über dich, bis ich vorüber bin. Dann ziehe ich meine Hand zurück und du wirst meinen Rücken sehen. Mein Angesicht kann niemand schauen. (Ex 33,18-23)*

Jeder, der sich wünscht, Gott näher zu kommen, muss handeln wie Mose. Er muss demütig sein wie Mose und seine eigenen Interessen für die Ehre Gottes und das Wohlergehen anderer zurückstellen. Wenn wir das nicht nur mit unseren Worten bekunden, sondern es auch durch unsere Taten unter Beweis stellen, dann wird Gott auch uns immer näherkommen.

Gibt es nur den einen Gott?

Das Judentum und das Christentum sind – wie allseits bekannt – monotheistische Religionen. Monotheismus ist der Glaube, dass es nur einen Gott gibt. Bibelwissenschaftler aber streiten sich darüber, ob zur Zeit des Mose die Religion der Israeliten monotheistisch war oder nicht. Das Buch Exodus enthält darüber keine eindeutige Aussage.

Die Geschichte im Buch Exodus handelt davon, wie die Israeliten zu einem Volk wurden. Gott wird hier als ihr persönlicher Gott beschrieben. Er schließt mit dem Volk einen Bund, das ihm verspricht, nur ihm zu dienen. Die Existenz anderer Götter wird hier zwar nicht ausgeschlossen, aber Gott verlangt, dass ihm allein Anbetung und Treue gebühren (Monolatrie). Er verbietet Israel, anderen Göttern zu dienen, schließt aber deren Existenz nicht ausdrücklich aus.

> *Ich bin der HERR, dein Gott, der dich aus dem Land Ägypten geführt hat, aus dem Sklavenhaus. Du sollst neben mir keine anderen Götter haben. Du sollst dir kein Kultbild machen und keine Gestalt von irgendetwas am Himmel droben, auf der Erde unten oder im Wasser unter der Erde. Du sollst dich nicht vor ihnen niederwerfen und ihnen nicht dienen. Denn ich bin der HERR, dein Gott, ein eifersüchtiger Gott. (Ex 20,2-5)*

Erst viel später, zu Zeiten der Propheten während des babylonischen Exils, entwickelt sich das Konzept des strikten Monotheismus. Die Propheten lassen in ihren Reden keinen Zweifel mehr daran, dass Gott der einzige ist, der das ganze Universum und alle Völker regiert, ungeachtet dessen, ob sie ihn erkennen und anbeten oder nicht.

Die Dreifaltigkeit

Wie im Buch Genesis finden sich auch im Buch Exodus Hinweise auf die Dreifaltigkeit. Kapitel 34 beschreibt, wie Gott vor Mose erscheint:

Da hieb Mose zwei Tafeln aus Stein zurecht wie die ersten. Früh am Morgen stand er auf und ging auf den Sinai hinauf, wie es ihm der HERR aufgetragen hatte. Die beiden steinernen Tafeln nahm er mit. Der HERR aber stieg in der Wolke herab und stellte sich dort neben ihn hin. Er rief den Namen des HERRN aus. Der HERR ging vor seinem Angesicht vorüber und rief: Der HERR ist der HERR, ein barmherziger und gnädiger Gott, langmütig und reich an Huld und Treue. (Ex 34,4-6)

Vom wörtlichen Sinn her betrachtet, erzählt diese Stelle lediglich davon, wie Mose auf den Berg steigt, um die neuen Gesetzestafeln in Empfang zu nehmen. Auf der geistlichen Ebene aber stößt man in diesem Text auf Zeichen und Andeutungen, die auf das Mysterium der Dreifaltigkeit hinweisen. Die Wolke ist eines dieser Zeichen. In der Bibel ist sie ein Symbol für Gottes Anwesenheit. Doch nicht einfach nur für seine Präsenz im Allgemeinen – sie ist ein Hinweis auf den Heiligen Geist. Auch der Katechismus spricht davon im folgenden Absatz:

Die Wolke und das Licht. *Diese beiden Sinnbilder sind stets miteinander vorhanden, wenn der Heilige Geist in Erscheinung tritt. Schon bei den Theophanien des Alten Testamentes offenbart die bald dunkle, bald lichte Wolke den lebendigen, rettenden Gott, indem sie seine überirdische Herrlichkeit verhüllt. So bei Mose auf dem Berg Sinai, im Offenbarungszelt und während des Durchzugs durch die Wüste; bei Salomo bei der Tempelweihe. Diese*

> *Bilder sind durch Christus im Heiligen Geist in Erfüllung gegangen. Der Geist kommt auf die Jungfrau Maria herab und „überschattet" sie, damit sie Jesus empfängt und gebiert. Auf dem Berg der Verklärung kommt er in einer Wolke, „wirft einen Schatten" über Jesus, Mose und Elija, Petrus, Jakobus und Johannes, und „eine Stimme aus der Wolke ruft: Das ist mein auserwählter Sohn, auf ihn sollt ihr hören" (Lk 9,34–35). Die gleiche „Wolke" entzieht schließlich Jesus am Tag der Himmelfahrt den Blicken der Jünger; am Tag seines Kommens wird sie ihn als den Menschensohn in seiner Herrlichkeit offenbaren. (KKK 697)*

In Ex 34,5 heißt es: „Der Herr [...] stellte sich dort neben ihn [Mose] hin." Im Neuen Testament wird Jesus oft als „Herr" bezeichnet. Wie die Wolke auf den Heiligen Geist hinweist, so ist „Herr" ein Ausdruck für den Sohn Gottes. Einige Kirchenväter lehren das, auch der Katechismus drückt es an der folgenden Stelle aus:

> *Die Theophanien [Erscheinungen Gottes] erhellen den Weg der Verheißung, von den Patriarchen über Mose und Josua bis zu den Visionen, die die Sendung der großen Propheten eröffnen. Die christliche Überlieferung hat stets angenommen, daß in diesen Theophanien sich das Wort Gottes in der Wolke des Heiligen Geistes zugleich offenbar und „schattenhaft" zu erblicken und zu hören gab. (KKK 707)*

Das Wort Gottes ist der Sohn, also die zweite Person der Heiligen Dreifaltigkeit. Die Aussage des Katechismus, dass Gottes Wort sich in dieser Theophanie zeigt, kann man als Hinweis auf die zweite göttliche Person verstehen.

Das Offenbarungszelt ist der Ort, an dem Gott verweilt. Die Beschreibung dieser Wohnstätte Gottes ist auch ein Hinweis auf die Dreifaltigkeit, worauf später noch genauer eingegangen werden soll. An dieser Stelle soll der Blick auf die drei heiligen Gegenstände genügen: die Bundeslade, der goldene Tisch mit den Schaubroten und der siebenarmige Leuchter. Diese drei Elemente stehen symbolisch für die drei Personen der Heiligen Dreifaltigkeit. Die Bundeslade steht für Gott Vater. Weil niemand ihn gesehen hat, ist sie hinter einem Vorhang verborgen. Der Schaubrottisch ist ein Hinweis auf den Sohn Gottes, der siebenarmige Leuchter auf den Heiligen Geist.

Ein Königreich von Priestern, ein heiliges Volk

Der erstgeborene Sohn von Gott zu sein, war für Israel nicht einfach nur ein besonderes Privileg. Es war zugleich seine Aufgabe. Es sollte ein Licht sein für die Völker, gleichsam eine Hilfe für Gott bei der Erziehung seiner anderen Kinder, also aller anderen Völker in der Welt. Gott verspricht Israel, dass es ein Volk von Priestern sein wird, seine Treue zum Bund vorausgesetzt. Durch Israel will Gott die gesamte Menschheit segnen und retten.

> *[...] ihr aber sollt mir als ein Königreich von Priestern und als ein heiliges Volk gehören. (Ex 19,6)*

DER BUNDESSCHLUSS AM BERG SINAI

Was zeichnet einen Priester aus? Er ist ein Vermittler, der sich Gott nähern darf, um ihm für das Wohl der anderen Gebete und Opfer darzubringen. Nach Gottes Plan sollte das gesamte Volk Israel diese priesterlichen Handlungen vollziehen und für die ganze Menschheit beten und opfern. Die Israeliten erwiesen sich durch ihr schwerwiegendes Fehlverhalten mit dem goldenen Kalb leider als unwürdig. Sie hatten ihre Priesterwürde verspielt, weshalb Gott sie dem Volk als Ganzem wieder wegnimmt und nur den Leviten gibt.

AUF DEN SPUREN DER WÖRTLICHEN BEDEUTUNG VON EXODUS 15,22 – EXODUS 40

Die Bundesschlüsse mit Mose

In meinem ersten Buch über Genesis wird der Begriff des Bundes näher erläutert, der wohl einer der wichtigsten in der Schrift ist. Er fasst die ganze Geschichte zu einer Einheit zusammen. Gott hat uns erschaffen, damit wir Teil seiner Familie werden und auf diese Weise in seiner Gegenwart und in Gemeinschaft mit ihm und den anderen Menschen leben. Die Bundesschlüsse, die er in der biblischen Geschichte vollzieht, dienen genau diesem Zweck.

Sechsmal schließt Gott einen Bund mit den Menschen. Diese sechs Bundesschlüsse bilden gleichsam die Grundstruktur der biblischen Geschichte. Mit jedem Bund wächst Gottes Familie. Mit dem ersten Bund, den er mit Adam schließt, zählt Gottes Familie zwei Menschen: Adam und Eva. Durch den zweiten Bund entsteht eine achtköpfige Familie: Noach, seine Frau, ihre drei

Söhne und deren Frauen. Der Bund mit Abraham lässt schon einen ganzen Stamm entstehen. Jakobs Familie soll, als sie nach Ägypten zog, siebzig Mitglieder gezählt haben.

Mit Mose schließt Gott den vierten Bund. Zu diesem Zeitpunkt sind die Nachkommen zu einem großen Volk herangewachsen. Die Bibel spricht in Ex 12,37 von „sechshunderttausend Mann zu Fuß, nicht gerechnet die Kinder", die aus Ägypten ausziehen.

Wie kommt ein Bund zwischen Gott und seinem Volk zustande?

Die Hauptelemente eines Bundes lassen sich wie folgt zusammenfassen[25]:

- Das Eingangsritual, durch das der Bund geschlossen wird.
- Der Mittler des Bundes, also derjenige, mit dem Gott den Bund in Vertretung anderer abschließt.
- Die Bedingungen des Bundes, die die Menschen einhalten müssen.
- Der Segen bzw. die Versprechen, die Gott denen gibt, die seinen Bund halten.
- Der Fluch bzw. die Strafen, die diejenigen treffen, die den Bund brechen.
- Das Zeichen, durch das der Bund gefeiert, bzw. in Erinnerung gerufen wird.
- Die neue Lebensgemeinschaft, die Familie, die zwischen Gott und seinem Volk entsteht.

---

[25] Vgl. Vogelsang, Anton: Genesis. Ein Krimi mit Folgen, Köln, 2017, S. 131.

DER BUNDESSCHLUSS AM BERG SINAI

In Exodus kommt auf diese Weise klar zum Ausdruck, dass Gott einen Bund mit dem Volk schließt. Zum Beispiel: „Mose [nahm] das Blut, besprengte damit das Volk und sagte: Das ist das Blut des Bundes, den der HERR aufgrund all dieser Worte mit euch schließt" (Ex 24,8). Außerdem werden nahezu alle der eben genannten Elemente beschrieben.

Das Eingangsritual
Das Ritual wird im 24. Kapitel beschrieben und besteht aus zwei Teilen:

1. Die Opferung eines Stieres, mit dessen Blut der Altar (Symbol für Gott) und das Volk besprengt werden;
2. Ein Mahl, das in Gegenwart Gottes gehalten wird.

Beide Elemente sind Ausdruck der Lebensgemeinschaft zwischen Gott und seinem Volk.

> *Am frühen Morgen stand er auf und errichtete am Fuß des Berges einen Altar und zwölf Steinmale für die zwölf Stämme Israels. Er schickte die jungen Männer der Israeliten aus und sie brachten Brandopfer dar und schlachteten junge Stiere als Heilsopfer für den HERRN. Mose nahm die Hälfte des Blutes und goss es in eine Schüssel, mit der anderen Hälfte besprengte er den Altar [...]. Da nahm Mose das Blut, besprengte damit das Volk und sagte: Das ist das Blut des Bundes, den der HERR aufgrund all dieser Worte mit euch schließt. (Ex 24,4-8)*

> *Danach stiegen Mose, Aaron, Nadab, Abihu und die siebzig von den Ältesten Israels hinauf und sie schauten den Gott Israels. Die Fläche unter seinen Füßen war wie mit blauem Edelstein ausgelegt und glänzte hell wie der Himmel selbst. Gott streckte seine Hand nicht gegen die Vornehmen der Israeliten aus; sie durften Gott schauen und sie aßen und tranken. (Ex 24,9-11)*

Der Vermittler zwischen Gott und seinem Volk
Hier ist der Fall klar: Mose ist der Vermittler, der zwischen Gott und dem Volk steht.

> *Sie sagten zu Mose: Rede du mit uns, dann wollen wir hören! Gott soll nicht mit uns reden, sonst sterben wir. (Ex 20,19)*

Die Bedingungen des Bundes
Das sind die zehn Gebote und weitere Verordnungen, die im Bundesbuch festgehalten sind. Vor dem Vollzug des Bundes stimmt das Volk zu, sich an alle Forderungen Gottes zu halten.

Der Segen des Bundes
Die Verpflichtung, die Gott eingeht:

> *[...] [ich] werde [...] der Feind deiner Feinde sein und alle in die Enge treiben, die dich bedrängen. Wenn ihr dem HERRN, eurem Gott, dient, wird er dein Brot und dein Wasser segnen. Ich werde Krank-*

> *heiten von dir fernhalten. In deinem Land wird es keine Frau geben, die eine Fehlgeburt hat oder kinderlos bleibt. Ich lasse dich die volle Zahl deiner Lebenstage erreichen. [...] alle deine Feinde lasse ich vor dir die Flucht ergreifen. Ich setze deine Landesgrenzen fest vom Roten Meer bis zum Philistermeer, von der Wüste bis zum Strom. Wenn ich die Einwohner des Landes in deine Hand gebe und du sie vertreibst, dann sollst du keinen Bund mit ihnen und ihren Göttern schließen. (Ex 23,22.25-27.31-32)*

Der Fluch des Bundes
Natürlich soll das Volk dem Bund treu bleiben. Für den Fall der Untreue werden in Exodus keine ausdrücklichen Flüche benannt. Man kann sie aber im folgenden Text erkennen:

> *[...] Widersetz dich ihm nicht! Er würde es nicht ertragen, wenn ihr euch auflehnt; [...] Du sollst dich vor ihren Göttern nicht niederwerfen und ihnen nicht dienen. Du sollst keine Kultgegenstände herstellen wie sie, sondern sie zerstören und ihre Steinmale zerschlagen. [...] [du] sollst keinen Bund mit ihnen und ihren Göttern schließen. Sie sollen nicht in deinem Land bleiben. Sonst könnten sie dich zur Sünde gegen mich verführen, wenn du ihren Göttern dienst; denn dann würde dir das zu einer Falle. (Ex 23,21.24.32-33)*

Das Zeichen, durch das der Bund gefeiert bzw. in Erinnerung gerufen wird
Das Zeichen des Bundes mit Mose ist das Pascha-Fest, das jährlich zur Erinnerung an Israels Geburt als Volk Gottes begangen werden soll.

Die neue Lebensgemeinschaft
Aus einem Bund geht eine neue Familie hervor. Israel wird zu Gottes wertvollem Eigentum und damit zum heiligen Volk.

> *Jetzt aber, wenn ihr auf meine Stimme hört und meinen Bund haltet, werdet ihr unter allen Völkern mein besonderes Eigentum sein. Mir gehört die ganze Erde, ihr aber sollt mir als ein Königreich von Priestern und als ein heiliges Volk gehören. (Ex 19,5-6)*

Im weiteren Verlauf der biblischen Geschichte folgen noch zwei weitere Bundesschlüsse: Der Bund mit König David lässt Gottes Familie zu einem ganzen Königreich heranwachsen. Der sechste und letzte Bund erfüllt sich durch Jesus Christus. Es ist ein universeller Bund, durch den alle Menschen als Familie Gottes in seine Kirche eingeladen sind. „Katholisch" bedeutet allumfassend.

Der erneuerte Bund

Mit der Anbetung des goldenen Kalbes brechen die Israeliten den Bund mit Gott. Weil Mose aber, wie zuvor beschrieben, für sie eintritt, willigt Gott ein, den Bund zu erneuern.

Der Bundesschluss am Berg Sinai

Da sprach der HERR: Hiermit schließe ich einen Bund. (Ex 34,10)

Wohl gibt es einen neuen Bund. Die Dinge haben sich jetzt aber etwas verändert. Mose und Aaron wurden z.B. beim ersten Bundesschluss von 72 Ältesten begleitet. Sie alle schauten Gott und hielten in seiner Gegenwart ein Mahl. Für den neuen Bund geht Mose allein den Berg hinauf. Außer ihm darf keiner mehr Gott nahekommen.

Halte dich für morgen früh bereit! Steig am Morgen auf den Sinai und dort auf dem Gipfel des Berges stell dich vor mich hin! Niemand soll mit dir hinaufsteigen; auch soll sich kein Mensch auf dem ganzen Berg sehen lassen und kein Schaf oder Rind soll am Abhang des Berges weiden. (Ex 34,2-3)

Auch durch die Gesetzestafeln kommt die neue Distanz zum Ausdruck. Im ersten Bund übergab Gott Mose die Tafeln, auf welchen die zehn Gebote geschrieben standen.

Der HERR sprach zu Mose: Komm herauf zu mir auf den Berg und bleib hier! Ich will dir die Steintafeln übergeben, die Weisung und das Gebot, die ich darauf geschrieben habe, um sie zu unterweisen. (Ex 24,12)

Für den erneuten Bund muss nun Mose die Steintafeln selber herstellen und die zehn Gebote darauf schreiben.

> *Da hieb Mose zwei Tafeln aus Stein zurecht wie die ersten. Früh am Morgen stand er auf und ging auf den Sinai hinauf, wie es ihm der HERR aufgetragen hatte. Die beiden steinernen Tafeln nahm er mit. Mose blieb dort beim HERRN vierzig Tage und vierzig Nächte. Er aß kein Brot und trank kein Wasser. Er schrieb auf die Tafeln die Worte des Bundes, die zehn Worte. (Ex 34,4.28)*

Eine weitere Konsequenz: Der neue Bund enthält mehr Vorschriften als der alte. Neue Gesetze werden hinzugefügt. Diese sind im 34. Kapitel des Buches Exodus und im Buch Levitikus festgehalten. Das neue Gesetz beschreibt die vielfältigen Rituale und Opferzeremonien, die Verpflichtungen der Priester und alle Vorschriften zur rituellen Reinheit, die jetzt eingehalten werden müssen.

Diese Gesetze sind aus heutiger Sicht recht schwer verständlich. Viele Vorschriften, besonders die rituelle Reinheit betreffend, scheinen willkürlich festgesetzt. Warum soll man z.B. „das Junge einer Ziege [...] nicht in der Milch seiner Mutter kochen" (Ex 34,26), keine Krabben essen oder keinen Leichnam berühren? In der Tat entbehren diese Gesetze für sich allein genommen jeglicher Logik. Um sie zu verstehen, darf man sie nicht aus dem Kontext der Geschichte reißen.

Zur Erinnerung: Israel ist dazu bestimmt, ein heiliges Volk und Gottes erstgeborener Sohn zu sein. In dieser Eigenschaft ist es von Gott erwählt, allen Völkern das Heil zu bringen. Durch sein Beispiel sollte Israel den anderen Völkern ein Vorbild sein und sie zu Gott zurückführen. Nun zeigt aber die Geschichte, dass Israel immer wieder versagte und seiner Berufung nicht gerecht wurde. Anstatt die Völker durch sein Beispiel zu lehren, folgt das Volk Israel dem schlechten Beispiel der anderen. Die Israeliten führen ihre Mitmenschen nicht zu Gott, sie fallen selber immer wieder in den Götzendienst zurück.

Die Gesetze des Bundes in ihrer Gesamtheit sollen Israel von den heidnischen Völkern auf Abstand halten, damit es nicht verloren geht. Dieser Grundsatz eröffnet auch den Zugang zu schwer verständlichen Stellen, wie auch die folgende eine ist:

> *Du hüte dich aber, mit den Bewohnern des Landes, in das du kommst, einen Bund zu schließen; sie könnten dir sonst zu einer Falle in deiner Mitte werden. Ihre Altäre sollt ihr vielmehr niederreißen, ihre Steinmale zerschlagen, ihre Kultpfähle umhauen. Du darfst dich nicht vor einem andern Gott niederwerfen. Denn der HERR, der Eifersüchtige ist sein Name, ein eifersüchtiger Gott ist er. Hüte dich, einen Bund mit den Bewohnern des Landes zu schließen! Sonst werden sie dich einladen, wenn sie mit ihren Göttern Unzucht treiben und ihren Göttern Schlachtopfer darbringen, und du wirst von ihren Schlachtopfern essen. Du wirst von ihren Töchtern für deine Söhne Frauen nehmen; sie werden mit ihren Göttern Unzucht treiben und auch deine Söhne zur Unzucht mit ihren Göttern verführen. (Ex 34,12-16)*

Im ersten Bundesschluss mit Mose verbietet Gott jeglichen Bundesschluss mit den heidnischen Völkern und fordert, dass die Israeliten sie nach und nach aus dem Land vertreiben.

> *Wenn ich die Einwohner des Landes in deine Hand gebe und du sie vertreibst, dann sollst du keinen Bund mit ihnen und ihren Göttern schließen. Sie sollen nicht in deinem Land bleiben. Sonst könnten sie dich zur Sünde gegen mich verführen, wenn du ihren Göttern dienst; denn dann würde dir das zu einer Falle. (Ex 23,31-33)*

Der Skandal mit dem goldenen Kalb macht deutlich, dass Israel sehr stark dazu neigt, dem Götzendienst zu verfallen. Die Nähe zu den heidnischen Völkern ist zu gefährlich. Es ist deshalb verständlich, dass Gott nun befiehlt, deren Altäre und Götter zu zerstören und jegliche Eheschließung mit den Töchtern der Heiden verbietet.

Auf den Spuren der geistlichen Bedeutung von Exodus 15,22 – Exodus 40

Das neue Manna

Im vorherigen Kapitel wurde die Verbindung zwischen dem ersten Exodus im Alten Testament und dem neuen Exodus im Neuen Testament aus der Sicht der Typologie beschrieben. Jesus ist der neue Mose, der seine Jünger einen neuen Exodus führt und einen

Weg nicht aus der physischen Sklaverei aufzeigt, sondern aus der geistigen Sklaverei der Sünde. So wie Mose führt auch Jesus ein neues Pascha-Fest für den neuen Exodus ein, in dem er selber das geopferte Paschalamm ist. Jesus fordert seine Jünger auf, dieses neuen Pascha-Festes zu gedenken, seinen Leib zu essen und sein Blut zu trinken.

Das Manna ist ein weiteres Vorausbild, das das Alte und Neue Testament miteinander verbindet. Im ersten Exodus verbringt das Volk vierzig Jahre in der Wüste. Gott prüft es hart, aber er schenkt ihm auch Hilfe: Manna, Brot vom Himmel, das es auf seiner Reise zum Gelobten Land ernährt. Dasselbe geschieht durch Jesus, der uns in der Eucharistie durch seinen Leib und sein Blut nährt und uns auf unserem Exodus zum Himmel, unserem geistlichen gelobten Land, stärkt.

Der amerikanische Bibelwissenschaftler und Autor Brant Pitre schreibt, dass das Manna weit mehr als nur Nahrung ist. Es ist ein Vorgeschmack auf das Land der Verheißung.[26] In Ex 16,31 wird der Geschmack von Manna mit Honigkuchen verglichen. Ähnlich hatte Gott das Gelobte Land beschrieben: Ein Land, in dem Milch und Honig fließen. Mit dem Manna dürfen die Israeliten in gewisser Weise schon etwas von dem kosten, was sie erwartet. So erhalten sie nicht nur Speise für ihren Körper – auch ihre Hoffnung wird genährt. Als sie in das neue Land einziehen, werden sie nicht mehr mit Manna versorgt. Denn am Ziel angekommen, brauchen sie keinen Vorgeschmack mehr, der die Hoffnung stärkt.

---

[26] Vgl. Pitre, Brant: Jesus and the Jewish Roots of the Eucharist. Unlocking the Secrets of the Last Supper, USA, 2011, S. 84.

AUF DEN SPUREN DER GEISTLICHEN BEDEUTUNG VON EXODUS 15,22 – EXODUS 40

Wenn nun Jesus der neue Mose ist, welche Nahrung gibt er uns auf unserem Exodus? Auf welche Weise hält sie unsere Hoffnung auf den Himmel aufrecht? Die Antwort finden wir in der Eucharistie. Dort schenkt Jesus seinen Leib und sein Blut. Das Manna war die stärkende Nahrung für die Israeliten, die Eucharistie ist die stärkende Nahrung für uns auf der Reise zum Himmel. Mehr noch, wer Jesu Leib und Blut zu sich nimmt, geht in diesem Moment eine echte und tiefe Vereinigung mit ihm ein – auch körperlich. Auf diese Weise ist die Eucharistie ein Vorgeschmack auf den Himmel. Dort werden wir ganz mit Jesus vereint sein. Hier auf Erden dürfen wir diese Vereinigung schon auf eine bestimmte Weise bei der Teilnahme an der Eucharistie erfahren.

Das Manna fiel vom Himmel herab: „Ich will euch Brot vom Himmel regnen lassen" (Ex 16,4). Manche Juden fassen das so auf, dass das Manna schon seit Beginn der Schöpfung im Himmel vorrätig war. Gott, so glauben sie, bewahrt es weiterhin im Himmel auf, nachdem die Speisung der Israeliten während ihres Auszugs aus Ägypten beendet war. Diese Traditionen weckten zur Zeit Jesu in den Juden die Erwartung, dass der Messias, ganz nach dem Vorbild von Mose, auch ihnen das Manna schenken würde. Im folgenden Text einer außerbiblischen Quelle kommt das deutlich zum Ausdruck.

> *Ist das vollendet, was in den Zeitabschnitten soll geschehen, alsdann beginnt mit seiner Offenbarung der Messias. Die Hunger litten, sollen reichlich essen, an jedem Tage neue Wunder schauen. Da fallen aus der Höhe wieder Mannamengen; sie*

zehren davon in jenen Jahren, weil sie der Zeiten Ende miterlebt. (2 Bar 29,3;6;8)[27]

Der christliche Glaube sieht genau das im Neuen Testament durch Jesus verwirklicht. Er gibt uns das neue Brot vom Himmel und erfüllt damit die jüdischen Traditionen und Erwartungen. Jesus spricht selber beim letzten Abendmahl von diesem Brot und darüber hinaus auch zuvor in zwei anderen Situationen.

Das erste Mal findet das Brot Erwähnung, als Jesus seine Jünger mit dem „Vaterunser" das Beten lehrt (vgl. Mt 6,11; Lk 11,3). Dort heißt es: „Unser tägliches Brot gib uns heute." Eigenartig, warum bitten wir Gott, uns das tägliche Brot heute zu geben? Warum diese Doppelung der Zeitangabe durch „täglich" und „heute"?

Eine mögliche Antwort liegt in der Vermutung, dass diese Bitte nicht ganz richtig übersetzt wurde. Das ursprüngliche griechische Wort für täglich ist *„epiousios"*. Heute kann man nicht mehr mit Sicherheit sagen, was dieses Wort genau bedeutet, und so können nur noch Mutmaßungen angestellt werden. Doch schaut man sich die einzelnen Wortbestandteile an, nähert man sich einer anderen Bedeutung, als wir sie kennen. *„Epi"* bedeutet „auf, oben, über", *„ousia"* heißt „Natur" oder „Substanz". Eine wörtliche Übersetzung von *„epiousios"* ergibt dann „übernatürlich/ überirdisch/überwesentlich" im Sinne von „himmlisch" oder „jenseitig".

Diese wörtliche Übersetzung haben viele der frühen Kirchenväter verwendet. Der heilige Hieronymus z.B. drückte diese Bitte im

---

[27] Rießler, Paul (Hg.): Altjüdisches Schrifttum außerhalb der Bibel, Augsburg, 1928, S. 72-73.

Vaterunser in seiner lateinischen Bibelübersetzung „Vulgata" so aus: „Unser überwesentliches Brot gib uns heute". Im 4. Jh. n. Chr. schrieb der heilige Cyrill von Jerusalem über das Vaterunser: „Unser gewöhnliches Brot gehört nicht zum Wesen, aber dieses heilige Brot gehört zum Wesen, d.i. zum Wesen der Seele."[28] Und der heilige Cyprian von Karthago schreibt im 3. Jh. n. Chr., dass das Brot, von dem Jesus spricht, himmlisches Brot ist.[29]

Das entspricht auch der Lehre des Katechismus:

> Täglich. *Dieses Wort, epioúsios, findet sich im Neuen Testament nur hier. Im zeitlichen Sinn verstanden, nimmt es erzieherisch das „Heute" wieder auf, um uns in einem „unbedingten" Vertrauen zu bestärken. Im qualitativen Sinn genommen, bedeutet es das Lebensnotwendige und, weiter gefaßt, jedes Gut, das zum Lebensunterhalt genügt. Buchstäblich [epioúsios: über-wesentlich] bezeichnet es unmittelbar das Brot des Lebens, den Leib Christi und die „Arznei der Unsterblichkeit", ohne die wir das Leben nicht in uns haben. Mit dem buchstäblichen wird auch der himmlische Sinn dieser Bitte offensichtlich: „dieser Tag" bezeichnet den Tag des Herrn. Dieser ist der Tag des Festmahls im Reiche Gottes, der in der Eucharistie vorweggenommen wird, die Vorgeschmack des*

---

[28] Hl. Cyrill von Jerusalem, Mystagogische Katechesen an die Neugetauften, V. Mystagogische Katechese, 15, in: Bibliothek der Kirchenväter, online verfügbar: https://www.unifr.ch/bkv/kapitel2762-14.htm (eingesehen am 22.08.2018).
[29] Vgl. hl. Cyprian von Karthago: Über das Gebet des Herrn (De dominica oratione), Hauptteil II, 18, in: Bibliothek der Kirchenväter, online verfügbar: www.unifr.ch/bkv/kapitel2053-11.htm (eingesehen am 22.08.2018).

> *kommenden Reiches ist. Darum ist es angemessen,*
> *die Eucharistie jeden Tag zu feiern. (KKK 2837)*

Was haben wohl die Juden zur Zeit Jesu davon verstanden? Zieht man all die zuvor beschriebenen Elemente in Betracht, können sie nur das Eine begriffen haben: Das Vaterunser enthält die Bitte nach dem neuen Manna, dem himmlischen Brot, das Nahrung ist für die Hoffnung auf dem Weg – also dem Exodus – zum Himmel.

Ein zweites Mal spricht Jesus in seiner Rede über das Himmelsbrot (vgl. Joh 6,35-58) von diesem neuen Manna. Hier wird er um einiges konkreter:

> *Amen, amen, ich sage euch: Wenn ihr das Fleisch des Menschensohnes nicht esst und sein Blut nicht trinkt, habt ihr das Leben nicht in euch. Wer mein Fleisch isst und mein Blut trinkt, hat das ewige Leben und ich werde ihn auferwecken am Jüngsten Tag. Denn mein Fleisch ist wahrhaft eine Speise und mein Blut ist wahrhaft ein Trank. (Joh 6,53-55)*

Aus dem Zusammenhang seiner weiteren Worte wird deutlich: Jesus spielt bewusst auf die jüdische Erwartung über den neuen Mose, der das neue Manna bringt, an.[30] Diese Rede hält er direkt nach der Brotvermehrung, bei der er eben noch auf wundersame Weise fünftausend Menschen gespeist hat. Deutlicher könnte die Parallele zwischen Jesus und Mose nicht sein. Dieser Gedanke be-

---

[30] Vgl. Pitre, Brant: Jesus and the Jewish Roots of the Eucharist. Unlocking the Secrets of the Last Supper, USA, 2011, S. 98.

stätigt sich auch durch die Reaktion des Volkes. Denn auf sein Wunder hin erkennt es ihn als Propheten, als den neuen Mose:

> *Als die Menschen das Zeichen sahen, das er getan hatte, sagten sie: Das ist wirklich der Prophet, der in die Welt kommen soll. Da erkannte Jesus, dass sie kommen würden, um ihn in ihre Gewalt zu bringen und zum König zu machen. Daher zog er sich wieder auf den Berg zurück, er allein. (Joh 6,14-15)*

Die Menschen bitten Jesus um das Manna, das Brot vom Himmel.

> *Sie sagten zu ihm: Welches Zeichen tust du denn, damit wir es sehen und dir glauben? Was für ein Werk tust du? Unsere Väter haben das Manna in der Wüste gegessen, wie es in der Schrift heißt: Brot vom Himmel gab er ihnen zu essen. Jesus sagte zu ihnen: Amen, amen, ich sage euch: Nicht Mose hat euch das Brot vom Himmel gegeben, sondern mein Vater gibt euch das wahre Brot vom Himmel. Denn das Brot, das Gott gibt, kommt vom Himmel herab und gibt der Welt das Leben. Da baten sie ihn: Herr, gib uns immer dieses Brot! (Joh 6,30-34)*

Nun hat Jesus schon zuvor viele Wunder vollbracht, die ihn doch als Messias ausweisen sollten. Was aber will das Volk? Es bittet ihn darum, ihm immer Himmelsbrot zu geben. Warum? Trotz seiner vielen Wunder sind sich die Menschen immer noch unsicher, ob er der wahre Messias ist oder nicht. Mit ihrer Bitte stellen sie ihn auf die Probe. „Gib uns immer dieses Brot." Aufgrund ihrer Erwartung, dass der Messias das Brot vom Himmel zurückbringt, würde dieses Wunder, weit mehr als jede andere Wundertat, ihre Zweifel endlich beseitigen.

Jesus antwortet ihnen mit seiner Rede vom Himmelsbrot:

> *Ich bin das Brot des Lebens. Eure Väter haben in der Wüste das Manna gegessen und sind gestorben. So aber ist es mit dem Brot, das vom Himmel herabkommt: Wenn jemand davon isst, wird er nicht sterben. Ich bin das lebendige Brot, das vom Himmel herabgekommen ist. Wer von diesem Brot isst, wird in Ewigkeit leben. Das Brot, das ich geben werde, ist mein Fleisch für das Leben der Welt. (Joh 6,48-51)*

Wörtlich verstanden, sind diese Aussagen sicher ein Skandal für die Juden. Wie kommt Jesus bloß auf die Idee, ihnen zu erzählen, sie sollen sein Fleisch essen? Bricht er hier etwa die Lanze für den Kannibalismus? Dieser Gedanke wäre jedem Juden zutiefst zuwider. Dennoch bleibt Jesus dabei und beharrt darauf, dass seine Jünger sein Fleisch essen und sein Blut trinken sollen.

> *Da stritten sich die Juden und sagten: Wie kann er uns sein Fleisch zu essen geben? Jesus sagte zu ihnen: Amen, amen, ich sage euch: Wenn ihr das Fleisch des Menschensohnes nicht esst und sein*

> *Blut nicht trinkt, habt ihr das Leben nicht in euch.*
> *Wer mein Fleisch isst und mein Blut trinkt, hat das*
> *ewige Leben und ich werde ihn auferwecken am*
> *Jüngsten Tag. Denn mein Fleisch ist wahrhaft eine*
> *Speise und mein Blut ist wahrhaft ein Trank. Wer*
> *mein Fleisch isst und mein Blut trinkt, der bleibt in*
> *mir und ich bleibe in ihm. Wie mich der lebendige*
> *Vater gesandt hat und wie ich durch den Vater*
> *lebe, so wird jeder, der mich isst, durch mich leben.*
> *(Joh 6,52-57)*

Sind diese Worte Jesu wirklich wortwörtlich zu verstehen oder nur im übertragenen Sinn? Diese Frage sorgt z.B. schon seit Jahrhunderten für Diskussionen zwischen Katholiken und Protestanten. Die katholische Lehre versteht Jesu Aussage wörtlich und verwendet den Begriff der Wesensumwandlung, auf protestantischer Seite wird, wenn überhaupt eine verbindliche lehramtliche Aussage vorliegt, meist die symbolische Interpretationsweise seiner Rede vertreten. Eine vollständige Analyse dieser komplexen theologischen Frage würde an dieser Stelle zu weit führen. Hier soll nur ein Aspekt betrachtet werden: Die typologische Verbindung zwischen dem alten und dem neuen Manna.

Ist Jesus wirklich der neue Mose, dann muss er auch wie dieser seinen Jüngern das neue Manna geben. Dieses neue Brot aber muss größer und besser sein als das alte Manna. Das entspricht der Logik der Bibel. Die Vorausbilder im Alten Testament sind nur ein Schatten der Wirklichkeit des Neuen Testamentes. So eine neue Wirklichkeit, in der Theologie auch Antitypos genannt, muss zwangsläufig immer über den entsprechenden Typos hinausgehen. Auf diese Weise muss auch das neue Manna von Jesus weit bedeutender sein als das alte Manna von Mose.

Jesus selber bestätigt, dass sein Brot viel wertvoller ist als das von Mose.

> *Dies ist das Brot, das vom Himmel herabgekommen ist. Es ist nicht wie das Brot, das die Väter gegessen haben, sie sind gestorben. Wer aber dieses Brot isst, wird leben in Ewigkeit. (Joh 6,58)*

Die Israeliten, die das Himmelsbrot von Mose aßen, starben dennoch. Nicht so die, die das Brot von Jesus essen. Sie werden für immer leben. Ist dieses Brot dann nicht mehr wert?

Das bedeutet aber nicht, dass Mose dem Volk nur gewöhnliches Brot zu essen gab. Das alte Manna war wunderbar und wundersam. Brot der Engel bzw. Engelsbrot[31] wird es in manchen Bibelübersetzungen genannt. So etwas vollkommen Neues hatten die Israeliten vorher und auch nachher nie gekannt. Das Manna war heilig, so heilig, dass es in der Bundeslade im Allerheiligsten aufbewahrt wurde, zusammen mit den anderen heiligen Gegenständen: den Gesetzestafeln und dem Stab Aarons.

Der Typologie folgend kann man das katholische Verständnis etwa so untermauern: Jesu Brot ist eben noch wundersamer. Nach der Logik der Bibel ist ein Antitypos immer größer als sein

---

[31] Vgl. Gute Nachricht Bibel, revidierte Fassung, Stuttgart, 2016, Psalm 78,25.

entsprechender Typos. Letzterer ist nur ein Vorauszeichen einer zukünftigen Wirklichkeit. So wundersam und heilig das Brot von Mose auch war, das Brot Jesu ist es weit mehr. Darum kann es sich auch nicht nur um gewöhnliches Brot handeln, ebenso wenig kann es nur ein symbolisches Zeichen für Gottes Anwesenheit sein. Wenn dem so wäre, wäre es keinen Deut größer als das Manna im Alten Testament. Deshalb muss das Brot, das uns Jesus gibt, das überwesentliche Brot vom Himmel sein. Dieses Manna ist wirklich sein Leib und sein Blut, so wie Jesus es gesagt hat, und seine Jünger sollen es essen.

Damit haben die Juden ihre Probleme. Sie beschweren sich über diese Lehre:

> *Viele seiner Jünger, die ihm zuhörten, sagten: Diese Rede ist hart. Wer kann sie hören? Jesus erkannte, dass seine Jünger darüber murrten, und fragte sie: Daran nehmt ihr Anstoß? (Joh 6,60-61)*

Diese Klagen kommen keineswegs überraschend. Murren doch auch schon im Buch Exodus die Juden über das Manna.

> *Weiter sagte Mose: Wenn der HERR euch am Abend Fleisch zu essen gibt und euch am Morgen mit Brot sättigt, wenn der HERR also euer Murren hört, mit dem ihr ihn bedrängt, was sind wir dann? Nicht uns galt euer Murren, sondern dem HERRN. (Ex 16,8)*

DER BUNDESSCHLUSS AM BERG SINAI

Sogar die Apostel, die mit den jüdischen Traditionen aufgewachsen sind, tun sich mit dieser neuen Lehre schwer. Doch im Gegensatz zu den anderen Jüngern haben sie gelernt, Jesus auch dann zu vertrauen, wenn er ihnen Dinge sagt, die sie nicht verstehen können.

> *Da fragte Jesus die Zwölf: Wollt auch ihr weggehen? Simon Petrus antwortete ihm: Herr, zu wem sollen wir gehen? Du hast Worte des ewigen Lebens. (Joh 6,67-68)*

Beim letzten Abendmahl, dem Paschamahl Jesu, erfahren die Apostel, wie das geschehen soll. Sie werden nicht den Leib und das Blut von Jesu Leichnam zu sich nehmen müssen. Das wäre in der Tat Kannibalismus. Jesus meint das Fleisch und Blut seines gekreuzigten und auferstandenen Leibes. Nach der Auferstehung nämlich ist sein Leib verherrlicht und nicht länger an Raum und Zeit gebunden.

Darauf weist Jesus in seiner Rede vom Himmelsbrot hin. Wer an dem Leben seiner Auferstehung teilhaben will (das ist das Ziel des neuen Exodus), muss sein Fleisch essen und sein Blut trinken. Jesu Kreuz ist der Baum des Lebens, der in Genesis 3,22[32] erwähnt wird; die Eucharistie ist die Frucht dieses Baumes.

Der Glaube daran, dass das Brot – das neue Manna – welches Jesus uns reicht, das überwesentliche Brot ist, sein Fleisch und sein Blut, das uns Menschen Speise ist auf dem Weg zum Himmel, war in der frühen Kirche weit verbreitet:

---

[32] „Dann sprach Gott, der HERR: Siehe, der Mensch ist wie einer von uns geworden, dass er Gut und Böse erkennt. Aber jetzt soll er nicht seine Hand ausstrecken, um auch noch vom Baum des Lebens zu nehmen, davon zu essen und ewig zu leben." (Gen 3,22).

Damals hob Mose die Hände zum Himmel und zog von dort das Brot der Engel, das Manna, herab; auch der zweite Mose streckt die Hände zum Himmel aus – er bringt uns die ewige Speise.[33]

[...] Fürwahr etwas Wunderbares war der Mannaregen, den Gott den Vätern spendete, und die tägliche Himmelsspeise, mit der sie gesättigt wurden. Daher das Wort: „Das Brot der Engel aß der Mensch". Doch gleichwohl sind alle, die jenes Brot aßen, in der Wüste gestorben. Diese Speise aber, die du empfängst, dieses „lebendige Brot, das vom Himmel gekommen", verleiht die Substanz des ewigen Lebens, und wer immer dieses Brot ißt, wird nicht sterben in Ewigkeit. Es ist der Leib Christi. Erwäge jetzt, ob das Brot der Engel, oder aber das Fleisch Christi, der Leib des Lebens, vorzüglicher ist! Jenes Manna stammte vom Himmel, dieser [Leib] thront über dem Himmel; jenes war nur Himmelssubstanz, das ist der Leib des Herrn der Himmel; jenes war im Fall seiner Aufbewahrung bis zum folgenden Tage der Gefahr der Verwesung ausgesetzt, diesem ist alle Verwesung fremd: wird doch, wer immer es frommen Sinnes genießt, die Verwesung nicht kosten können; [...][34]

---

[33] Hl. Johannes Chrysostomus, Catechesis 3,24-27: SCh 50, 165-167, in: Lektionar zum Stundenbuch, II/2, Freiburg im Breisgau, 2012, S. 63. (Montag der 2. Woche der Fastenzeit, Lesejahr 2).
[34] Hl. Ambrosius von Mailinand: Über die Mysterien (De mysteriis), Nr. 47-48, in: Lektionar zum Stundenbuch I/6, Freiburg im Breisgau, 2009, S. 158. (zweite Lesung zum Freitag der 15. Woche im Kirchenjahr, Lesejahr 1).

DER BUNDESSCHLUSS AM BERG SINAI

Die typologische Verbindung zwischen dem Manna und der Eucharistie wird auch im zweiten Hochgebet der heiligen Messe aufgegriffen. Hier findet im lateinischen Messbuch, Ausgangspunkt für die verschiedenen landessprachlichen Übersetzungen, der Tau Erwähnung, der seinen Weg allerdings nicht in die deutsche Übersetzung gefunden hat. Auf Latein – immer noch die offizielle Sprache der Kirche – lautet das Gebet: *„Haec ergo dona, qaesumus, Spiritus tui rore sanctifica, ut nobis Corpus et Sanguis fiant Domini nostri Jesu Christi."*[35] Wörtlich übersetzt würde das Gebet folgendermaßen aussehen: „Diese Gaben, so bitten wir dich, heilige nun durch den Tau deines Geistes, damit sie uns werden Leib und Blut unseres Herrn Jesus Christus."

Dieser im Hochgebet erwähnte Tau ist ein direkter Verweis auf das Manna.

> *Am Abend kamen die Wachteln und bedeckten das Lager. Am Morgen lag eine Schicht von Tau rings um das Lager. Als sich die Tauschicht gehoben hatte, lag auf dem Wüstenboden etwas Feines, Knuspriges, fein wie Reif, auf der Erde. Als das die Israeliten sahen, sagten sie zueinander: Was ist das? Denn sie wussten nicht, was es war. Da sagte Mose zu ihnen: Das ist das Brot, das der HERR euch zu essen gibt. (Ex 16,13-15)*

In der Eucharistie kommt der Heilige Geist wie ein Taufall vom Himmel herab und verwandelt mit seiner Kraft das Brot in den

---

[35] Aus der Grundordnung des Römischen Messbuchs der Kongregation für den Gottesdienst und die Sakramentenordnung: Missale Romanum, Vatikan, 2002, S. 580-581.

Leib Christi und den Wein in das Blut Christi. Das ist die Nahrung des Menschen auf seiner Pilgerreise zum Himmel.

Das Offenbarungszelt

Wie schon zuvor beschrieben erteilt Gott Mose sehr detaillierte Anweisungen für die Errichtung des Offenbarungszeltes und der dazugehörigen heiligen Gegenstände. Die Anweisungen erstrecken sich über sieben Kapitel. Sie werden in den letzten sechs Kapiteln des Buches Exodus nahezu wörtlich wiederholt (bei der Beschreibung, wie Mose es errichtet). Zusammen machen diese dreizehn Kapitel fast ein Drittel des Buches aus. Allein dieser Sachverhalt zeugt von der enormen Wichtigkeit des Offenbarungszeltes. Doch vor der Analyse der Bedeutung des Zeltes soll dessen Beschreibung folgen:

Das Offenbarungszelt war ein tragbares Zelt, gestützt durch ein vergoldetes Holzgerüst. Feine Stoffe von bester Qualität bildeten das Dach. Im Innern des Zeltes waren an fünf goldenen Säulen karmesin-, violett- und purpurfarbene Vorhänge befestigt, die mit Darstellungen der Kerubim kunstvoll verziert waren. Die Vorhänge unterteilten das Zelt in zwei Räume.

Der vordere Raum war das „Heilige". An der Südseite stand die Menora, der traditionelle siebenarmige Leuchter der Juden. Er war aus purem Gold gefertigt. Auch der Leuchter wird sehr ausführlich beschrieben. Die sieben Arme waren reich verziert mit Blumen und Knospen von Mandel- und Apfelbäumen. Was nicht in der Bibel steht, aber in der jüdischen Tradition durch den

DER BUNDESSCHLUSS AM BERG SINAI

Talmud[36] überliefert ist: Die Menora maß ca. 1,6 Meter Höhe. Diese kunstvolle Arbeit erinnerte in ihrer Form an einen Baum. Weil das Zelt keine Fenster hatte, war die Menora die einzige Lichtquelle. Ihr Schein fiel direkt auf den gegenüberliegenden vergoldeten Tisch. Er war gedeckt mit goldenen Schüsseln, Schalen und Krügen. Zwölf Brotlaibe, die sogenannten Schaubrote, lagen in den Schalen. Die Krüge waren mit Wein gefüllt, in den Schüsseln lag Weihrauch, der auf das Brot gestreut wurde. Direkt vor dem Vorhang stand ein Altar, an dem die Priester Gott mit Weihrauch huldigten.

Der Raum hinter dem Vorhang war das „Allerheiligste", in dem die Bundeslade aufbewahrt wurde. Sie war eine vergoldete Truhe aus Akazienholz. Hier lagen die Gesetzestafeln mit den zehn Geboten, der Stab Aarons und eine Schale mit Manna. Die Lade wurde mit einer Sühneplatte verschlossen. Den Abschluss zierten zwei goldene Kerubim-Figuren, die einander gegenüberstanden. Ihre Flügel waren über der Sühneplatte ausgebreitet und bildeten auf diese Weise ein Dach. Dort, zwischen den beiden Kerubim erschien Gott Mose, um mit ihm zu sprechen.

> *Setze die Sühneplatte oben auf die Lade und in die Lade leg das Bundeszeugnis, das ich dir gebe! Ich werde dir dort begegnen und dir über der Sühneplatte zwischen den beiden Kerubim, die auf der Lade des Bundeszeugnisses sind, alles sagen, was ich dir für die Israeliten auftragen werde. (Ex 25,21-22)*

---

[36] Babylonischer Talmud, Menachot-Traktat 28b

Nur die Priester durften den Vorraum, das „Heilige", betreten. Sie waren die Vermittler, die für das Volk vor Gott hintraten. Jeden Morgen und jeden Abend ließen sie auf dem Altar vor dem Vorhang wohlriechenden Weihrauch aufsteigen, der in das „Allerheiligste" eindrang. An jedem Sabbat verspeisten die Priester die zwölf Schaubrote und ersetzten sie durch neue. Auch mussten sie dafür sorgen, dass die Lichter der Menora niemals erloschen.

Der Hohepriester durfte als einziger das „Allerheiligste" betreten und zwar einmal im Jahr am Versöhnungstag, auch bekannt unter dem Namen Yom Kippur. Dies war der heiligste Tag in Israel, ein Tag der Trauer und Reue für das ganze Volk. Der Hohepriester verbrannte Weihrauch im Allerheiligsten und besprengte die Sühneplatte der Bundeslade mit Blut, um für die Sünden des Volkes Buße zu tun.

Das Offenbarungszelt war ringförmig von einem Vorhof umgeben, der ungefähr 50 Meter Länge und 25 Meter in der Breite maß. Seine Vorhänge waren an kupfernen Säulen befestigt. Der Eingang zum Vorhof war nach Osten ausgerichtet. Im Hof, dem Eingang gegenüber, stand der kupferne Altar, auf dem alle Brandopfer dargebracht wurden. Die Priester brachten zweimal täglich, am Morgen und am Abend, ein Schlachtopfer dar. Dafür wurden ein Lamm, Mehl, Olivenöl und Wein geopfert. Das Volk versammelte sich im Vorhof. Vor jeder Opferung und vor jedem Eintritt in das Offenbarungszelt mussten sich die Priester ihre Hände und Füße waschen. Zu diesem Zweck war ein Becken zwischen Kupferaltar und Zelt aufgestellt.

Das Offenbarungszelt war der Ort, an dem Gott selber wohnte. Daher waren die Zeltdecken aus den besten Materialien gefertigt, mit Karmesin und mit violettem und rotem Purpur gefärbt, verziert mit Kerubim-Figuren. Die gesamte Ausstattung innerhalb des Zeltes war aus Gold, alle Geräte im Vorhof wurden aus Kupfer gefertigt, und die Vorhänge waren einfarbig.

Garten Eden auf Reise
All diese Details lassen erahnen, dass das Offenbarungszelt und die heiligen Geräte darin äußerst wichtig waren. Was mögen sie wohl bedeutet haben? Die Tradition der Kirche hat schon viele verschiedene Interpretationen geliefert. Sie müssen sich nicht widersprechen, sondern können einander ergänzen. Ein Gegenstand kann verschiedene geistliche Bedeutungen haben.

Im Offenbarungszelt wohnte Gott inmitten seines Volkes:

> *Ich werde mich dort den Israeliten offenbaren und mich in meiner Herrlichkeit als heilig erweisen. Ich werde das Offenbarungszelt, den Altar, Aaron und seine Söhne als Priester für mich weihen. Ich werde in der Mitte der Israeliten wohnen und ihnen Gott sein. Sie sollen erkennen, dass ich der HERR, ihr Gott bin, der sie aus Ägypten herausgeführt hat, um in ihrer Mitte zu wohnen, ich, der HERR, ihr Gott. (Ex 29,43-46)*

Man kann das Zelt auch als eine Art Kopie des Gartens Eden deuten. Wenn man die Einzelheiten des Zeltes mit den Beschreibungen des Paradieses in Genesis 2 vergleicht, kann man das Zelt als eine Art Duplikat von Eden erkennen. Folgende Parallelen ermöglichen den Vergleich:

- In Genesis 3,8 wird beschrieben, wie Gott im Garten einhergeht. Genau das gleiche hebräische Wort (mit halek) wird im Buch Levitikus für die Anwesenheit Gottes im Offenbarungszelt verwendet. „Ich schlage meine Wohnung in eurer Mitte auf (...). Ich gehe in eurer Mitte."

- In Genesis 2,9 ist die Rede vom Baum des Lebens in der Mitte des Gartens. Die jüdische Tradition sieht in der Menora ein Symbol für den Baum des Lebens, da dieser reich verzierte Leuchter einem Baum ähnelt.

- Sowohl der Garten als auch das Zelt sind reich an Gold und Edelsteinen (vgl. Gen 2,12; Ex 26).

- An beiden Orten befinden sich die Kerubim (vgl. Gen 3,24; Ex 25,18).

- Sowohl der Eingang des Gartens als auch der des Offenbarungszeltes liegen nach Osten (vgl. Gen 3,24; Ex 27,13).

In Exodus 40 wird beschrieben, wie Gott in das Zelt hinabsteigt:

> *Dann bedeckte die Wolke das Offenbarungszelt und die Herrlichkeit des HERRN erfüllte die Wohnung. (Ex 40,34)*

Von diesem Moment an wohnte Gott wahrhaftig inmitten des Volkes. Er war im Zelt und wanderte mit Israel durch die Wüste. Das Buch Genesis erzählt, wie Gott den Menschen schuf, um mit ihm zu leben. Adam und Eva erfreuten sich im Garten an der Gemeinschaft mit Gott. Diese Gemeinschaft haben sie leider durch ihren Ungehorsam gegen Gottes Gebote verloren.

Durch das Offenbarungszelt stellte Gott die Gemeinschaft mit seinem Volk wieder her. Diese Miniaturausgabe von Eden trugen die Israeliten mit sich. Natürlich schauten sie Gott nicht von Angesicht zu Angesicht, wie es bei Adam und Eva der Fall war. Diesmal war Gottes Anwesenheit nur ein Schatten von dem, was im Paradies war. Aber er war dennoch wahrhaftig mitten unter seinem Volk.

Ein Typos Mariens
Das Offenbarungszelt dient nicht nur der Erinnerung an den Garten Eden. Es weist auch in die Zukunft, und zwar auf Jesus und Maria. Mit diesem vorausschauenden Blick kann die Bundeslade als Typos für Maria gesehen werden. Nachdem Mose das Offenbarungszelt und die Bundeslade fertiggestellt hatte, stieg Gott hinab und nahm dort Wohnung. „Dann bedeckte die Wolke das Offenbarungszelt und die Herrlichkeit des HERRN erfüllte die Wohnung." (Ex 40,34) Präziser formuliert: Der genaue Aufenthaltsort Gottes war die Bundeslade hinter dem Vorhang.

Ähnliches geschah mit Maria, als der Engel ihr die Botschaft brachte.

> *Der Engel antwortete ihr: Heiliger Geist wird über dich kommen und Kraft des Höchsten wird dich*

> *überschatten. Deshalb wird auch das Kind heilig*
> *und Sohn Gottes genannt werden. (Lk 1,35)*

Diese Ähnlichkeit ist verblüffend. Beide Male nimmt Gott Wohnung, einmal in einem Zelt, ein zweites Mal in der Person Maria, die vom heiligen Geist überschattet wird. Maria ist die neue Bundeslade. So wie im Alten Testament das Wort Gottes in Form der zehn Gebote von der Bundeslade beherbergt wurde, so wohnte der Sohn, Gottes Wort, für neun Monate in Maria.

Das Buch der Offenbarung beschreibt Maria ebenfalls als Bundeslade, die Johannes in einer Vision sieht.

> *Der Tempel Gottes im Himmel wurde geöffnet und*
> *in seinem Tempel wurde die Lade seines Bundes*
> *sichtbar. (Offb 11,19)*

Wie sehr muss diese Aussage die Leser des ersten Jahrhunderts überrascht haben! Die Bundeslade war vor Jahrhunderten schon verloren gegangen. Nebukadnezar hatte 586 v. Chr. den Tempel geplündert und niedergebrannt. Seitdem war die Lade verschwunden, keiner hatte sie mehr gesehen und niemand wusste, wo sie war. Jetzt behauptet Johannes auf einmal, sie gesehen zu haben. Was für eine Sensation! Sicher wollte jeder sofort wissen, wo sie war und wie sie aussah. Darauf hatte Johannes folgende Antwort:

> *Dann erschien ein großes Zeichen am Himmel: eine*
> *Frau, mit der Sonne bekleidet; der Mond war unter*

> *ihren Füßen und ein Kranz von zwölf Sternen auf ihrem Haupt. Sie war schwanger und schrie vor Schmerz in ihren Geburtswehen. (Offb 12,1)*

Das wahre Offenbarungszelt ist eine Frau, und diese Frau ist Maria[37]. Sie ist die wahre Bundeslade. Diese Parallele wird zwar von vielen neueren Exegeten bestritten. In der frühen Kirche aber war sie weit verbreitet.

> *Der Prophet David tanzte vor der Bundeslade. Nun, können wir etwas Anderes sagen, als dass die Lade die heilige Jungfrau Maria war? Die Bundeslade barg in ihrem Inneren die Tafeln des Bundes, aber Maria trug den Erben selbst eben dieses Bundes. Die frühere Lade enthielt das Gesetz, die neue das Evangelium. Die eine enthielt, was Gott gesprochen hatte, die andere war sein Wort selbst. Die Bundeslade glänzte innen und außen in purem Gold, die heilige Maria aber wurde umstrahlt vom Glanz ihrer Jungfräulichkeit. Die eine wurde verziert mit irdischem Gold, die andere mit himmlischem.*[38]

---

[37] Diese „Frau" kann auf verschiedene Weise gedeutet werden. Einige sagen, sie ist ein Symbol für die Kirche, andere meinen, sie repräsentiert Maria. Möglicherweise ist beides wahr. John Henry Kardinal Newman schrieb dazu:
Ich leugne natürlich nicht, dass durch das Bild der Frau die Kirche angedeutet ist. Was ich behaupte, ist, dass der heilige Apostel mit diesem Bild nicht von der Kirche gesprochen hätte, hätte es keine Jungfrau Maria gegeben, über alle erhoben und von allen Gläubige verehrt. Keiner kann bezweifeln, dass „der Sohn", von dem hier die Rede ist, eine Anspielung auf den Herrn darstellt. Warum soll dann „die Frau" nicht eine Anspielung auf seine Mutter sein? (John Henry Kardinal Newman, in: Newman, John Henry: A letter addressed to the Rev. E. B. Pusey, London, 2015, S. 34, eigene Übersetzung).
[38] Hl. Ambrosius von Mailand, Serm. xlii. 6, Int. Opp., in: Livius, Thomas: The Blessed Virgin in the Fathers of the First Six Centuries, London, 1893, S. 77 (eigene Übersetzung).

Die Bundeslade ist wahrhaftig die heilige Jungfrau, innen und außen vergoldet, die den Schatz der allumfassenden Heiligung empfing. Erhebe Dich, o Herr, aus des Vaters Schoß, um das verdorbene Menschengeschlecht unserer ersten Eltern wieder aufzurichten.[39]

Du sollst „die Geliebte" genannt werden,
O Du Gebenedeite unter den Frauen.
Du bist das zweite Gemach, das Allerheiligste,
Verwahrort der Tafeln des Bundes
mit den zehn Geboten,
geschrieben von Gottes eigener Hand ...
Du bist die wahre Lade aus Gold,
in die hinein das Manna gelegt wurde,
das Brot, das vom Himmel herabkam,
der Schöpfer allen Lebens.[40]

Zur vorherbestimmten Zeit, seine Herrlichkeit für eine gewisse Zeit verbergend, steigt Gott, der Sohn Gottes, von seinem himmlischen Thron herab und bereitet für sich eine Wohnstatt im Tempel der auserkorenen Jungfrau; dort birgt er sich, um Mensch zu werden; und während er bleibt, was er war, versenkt er sich, um das zu werden, was er nicht war. Auf diese Weise mit einem menschlichen Leib verbunden, erschafft er sich selber als

---

[39] Hl. Gregor der Wundertäter, Orat. in Deip. Annunciat. Int. Opp., in: Ebd., S. 89 (eigene Übersetzung).
[40] Äthiopischer Hymnus, ca. 431-451 n. Chr., in: Ebd., S. 462 (eigene Übersetzung).

> *Kind. Marias Schoß schwillt an vor Stolz - nicht auf Grund eines ehelichen Geschenkes, sondern aus Glauben; durch das Wort, nicht durch den Samen eines Mannes.*[41]

Diese Auslegung im Sinne der Typologie bildet die Grundlage der katholischen Dogmen über die immerwährende Jungfräulichkeit Mariens und ihre unbefleckte Empfängnis. Letzteres bedeutet, dass Gott die Jungfrau Maria vom Moment ihrer Zeugung an vor dem Makel der Erbsünde bewahrt hat.

Gott erteilt Mose sehr genaue Anweisungen für den Bau der Bundeslade. Das zeigt, wie wichtig sie für Gott ist. In ihr wurden die zehn Gebote – Gottes in Stein gravierte Worte – aufbewahrt. Gottes Wort ist heilig, darum war die Bundeslade heilig und deshalb war sie innen und außen mit Gold überzogen.

Wenn der Aufbewahrungsort für das geschriebene Wort Gottes schon so wichtig war, um wie viel bedeutender muss da der Leib sein, der Gottes lebendiges Wort empfängt. Als er Mensch wurde, wohnte Gottes Sohn – das Wort Gottes – neun Monate lang in Marias Leib. Die erste Bundeslade war vollständig vergoldet. Maria, die neue Bundeslade, ist ebenfalls „vergoldet", nicht mit Gold, sondern mit vollkommener Reinheit und Jungfräulichkeit.

Ein Typos von Jesus
Das Offenbarungszelt ist auch ein Vorausbild auf Jesus. Das Allerheiligste war der Ort, an dem Gott auf geheimnisvolle Weise

---

[41] Hl. Zenon von Verona, Lib. ii., Tractatus viii. et ix. Pat. Lat., in: Ebd., S. 126 (eigene Übersetzung).

wohnte. In Jesus wohnte Gottes Wort, die zweite Person der Heiligsten Dreifaltigkeit, unter uns, so wie es auch Johannes schreibt:

> *Und das Wort ist Fleisch geworden und hat unter uns gewohnt. (Joh 1,14)*

In der Originalsprache Griechisch bedeutet das Wort „wohnen" wörtlich „sein Zelt aufschlagen". Im neuen Bund wohnt Gott in Jesus Christus, dem fleischgewordenen Wort, unter seinen Geschöpfen. Papst Benedikt XVI. schreibt dazu:

> *Der Mensch Jesus ist das Zelten des Wortes, des ewigen göttlichen Logos in dieser Welt. Das „Fleisch" Jesu, seine menschliche Existenz, ist das „Zelt" des Wortes: Die Anspielung auf das heilige Zelt des wandernden Israel ist unverkennbar. Jesus ist sozusagen das Zelt der Begegnung – ganz real das, wofür das Zelt und der spätere Tempel nur als Zeichen stehen konnten.*[42]

Prototyp unserer Kirchen
Diese geistlichen Deutungen führten dazu, dass man sich beim Bau der Kirchen an dem Offenbarungszelt als Prototyp orientierte. Der Chorraum mit dem Altar, Bischofsstuhl und Ambo (Lesepult) orientiert sich am Allerheiligsten des Zeltes. Das wertvolle Gefäß (Tabernakel), in dem die Hostien aufbewahrt werden, befindet sich zumeist im Zentrum des Altarraumes. Dieser ist häufig

---

[42] Ratzinger, Joseph (Benedikt XVI.): Jesus von Nazareth. Prolog – Die Kindheitsgeschichten, Freiburg im Breisgau, 2012, S. 22.

Der Bundesschluss am Berg Sinai

geschmückt mit Bildern oder Statuen der Kerubim, ganz nach den Vorbildern des Offenbarungszeltes und der Bundeslade.

So wie Gott in diesem Zelt in der Wüste anwesend war, so ist er es auch heute in den Kirchen. Aber diese Anwesenheit heute geht noch weit über die damalige hinaus. Die Eucharistie ist überwesentliches Brot vom Himmel. In diesem heiligsten Sakrament ist Jesus mit Gottheit und Menschheit wesenhaft zugegen. Jede katholische Kirche, in der die Eucharistie aufbewahrt wird, weist nicht nur zurück auf den Garten Eden, sondern richtet sich auch nach oben zum Himmel. So wie damals im Offenbarungszelt wohnt Gott heute in unseren Kirchen. Jede katholische Kirche ist also ein Stück Himmel auf Erden.

Wenn der Altarraum dem „Allerheiligsten" des Offenbarungszeltes entspricht, so muss gleicherweise das Kirchenschiff, in dem sich die Gläubigen versammeln, auf das „Heilige" des Zeltes verweisen. Der entscheidende Unterschied: Kein Vorhang trennt mehr das Heiligtum vom Kirchenschiff. Denn dieser Vorhang wurde zerrissen, als Jesus starb.

> *Und siehe, der Vorhang riss im Tempel von oben bis unten entzwei. (Mt 27,51)*

Jesu Tod hat uns den Weg zu Gott eröffnet. Der Zugang zu ihm ist uns ermöglicht worden. Im alten Israel durften nur die rituell reinen Priester das „Heiligtum" betreten. Im neuen Bund darf nun jeder in das Kirchenschiff, das neue „Heilige", eintreten. Gott ist nicht mehr hinter einem Vorhang verborgen. Im Tabernakel ist er wahrhaft anwesend, und jeder, der kommt, kann zu ihm beten. Auch durften im alten Israel nur die rituell reinen Priester die Schaubrote essen. Heute, im neuen Bund, darf jeder Gläubige, der ohne schwere Sünde ist, das eucharistische Brot essen.[43]

Jesu Tod hat auch den Zugang zum „Allerheiligsten" geöffnet. Bei den Israeliten durfte es nur der Hohepriester einmal im Jahr, und zwar am Versöhnungstag betreten. Heute darf sich jeder Priester jeden Tag dem Allerheiligsten nähern und das Messopfer feiern zur Sühne für die Sünden der Menschen.

Ein Schatten des Himmels und der Dreifaltigkeit
Im Offenbarungszelt verbirgt sich eine weitere geistliche Bedeutung. Das Zelt verweist nicht einfach nur zurück auf den Garten Eden und ist nicht nur ein Vorausbild auf Jesus und Maria. So wunderbar und tiefgründig das auch sein mag – es steckt noch mehr dahinter. Das Zelt und die von Mose eingeführten Rituale sind eine Art Kopie des Himmels. Mose errichtete das Zelt nach dem Vorbild dessen, was er in seiner Begegnung mit Gott sah.

> *Sie sollen mir ein Heiligtum machen! Dann werde ich in ihrer Mitte wohnen. Genau wie ich es dir zeige, nach dem Modell der Wohnung und nach dem Modell all ihrer Gegenstände sollt ihr es machen. (Ex 25,8-9)*

---

[43] Diese Bedingung hat schon Paulus aufgestellt, als er schrieb: „Wer also unwürdig von dem Brot isst oder von dem Kelch des Herrn trinkt, der wird schuldig sein am Leib und Blut des Herrn. Der Mensch prüfe aber sich selbst, und so esse er von diesem Brot und trinke von diesem Kelch. Denn wer isst und trinkt und nicht bedenkt, welcher Leib ist, der isst und trinkt sich selber zum Gericht." (1.Kor 11,27-29)

DER BUNDESSCHLUSS AM BERG SINAI

Dieser Gedanke wird auch im Brief an die Hebräer aufgegriffen:

> *Sie dienen einem Abbild und Schatten der himmlischen Dinge, nach der Anweisung, die Mose erhielt, als er daranging, das Zelt zu errichten: Sieh zu, heißt es, dass du alles nach dem Urbild ausführst, das dir auf dem Berg gezeigt wurde. (Hebr 8,5)*

Das Offenbarungszelt ist allerdings keine detailgetreue Miniaturkopie des himmlischen Tempels: Es wird als Schatten bezeichnet. Im wörtlichen Sinne ist ein Schatten eine zweidimensionale Silhouette eines Gegenstandes, die durch eine Lichtblokade entsteht. Der Großteil der Information geht im Schatten verloren, aber es ist immerhin eine gewisse Ähnlichkeit mit dem Objekt vorhanden.

Ein Beispiel dieses Schattens sind die Rituale des Alten Testamentes, mit denen die Priester das Offenbarungszelt betraten, um das Blut der geopferten Stiere zur Sühne für die Sünden darzubringen: ein Hinweis auf das Opfer Christi. Wie bei allen Schatten, so geht auch hier ein großer Teil der Information verloren, eine gewisse Ähnlichkeit bleibt aber bestehen. So auch die Aussage im Brief an die Hebräer:

> *Christus aber ist gekommen als Hohepriester der künftigen Güter durch das größere und vollkommenere Zelt, das nicht von Menschenhand gemacht, das heißt nicht von dieser Schöpfung ist. Nicht mit dem Blut von Böcken und jungen Stieren,*

> *sondern mit seinem eigenen Blut ist er ein für alle*
> *Mal in das Heiligtum hineingegangen und so hat*
> *er eine ewige Erlösung bewirkt. (Hebr 9,11-12)*

Gibt es nun wirklich einen realen Tempel im Himmel? Einige Stellen in der Bibel scheinen genau das anzudeuten. Johannes empfängt, genau wie Mose, eine Vision vom Himmel. In seiner Beschreibung scheint er auf genau diesen Tempel hinzuweisen, da er angewiesen wird, ihn auszumessen.

> *Dann wurde mir ein Messstab gegeben, der aussah*
> *wie ein Stock, und mir wurde gesagt: Geh, miss den*
> *Tempel Gottes und den Altar und zähle alle, die*
> *dort anbeten! (Offb 11,1)*

Aber die geistlichen Wahrheiten gehen über unsere Erfahrungen hinaus. Wir können uns nur der Symbolik bedienen, um sie zu beschreiben. An anderer Stelle heißt es, der Himmel selber ist der Tempel.

> *Denn Christus ist nicht in ein von Menschenhand*
> *gemachtes Heiligtum hineingegangen, in ein Ab-*
> *bild des wirklichen, sondern in den Himmel selbst,*
> *um jetzt vor Gottes Angesicht zu erscheinen für*
> *uns. (Hebr 9,24)*

Am Ende des Buches der Offenbarung sagt Johannes, dass es keinen physischen Tempel gibt.

Der Bundesschluss am Berg Sinai

> *Einen Tempel sah ich nicht in der Stadt. Denn der Herr, ihr Gott, der Herrscher über die ganze Schöpfung, ist ihr Tempel, er und das Lamm. (Offb 21,22)*

Warum gibt es keinen Tempel im Himmel? Weil Gott Vater und Gott Sohn der Tempel sind. Das bedeutet, das Leben der Dreifaltigkeit ist der wahre Tempel im Himmel. Genau das sah Mose, als er auf den Berg ging. Das Offenbarungszelt in der Wüste und alle dazugehörigen Riten waren ein Schatten des inneren Lebens der Dreifaltigkeit.

Wie dieses innere Leben aussieht, das habe ich in meinem Buch über die Dreifaltigkeit zu beschreiben versucht:

> *Das innere Leben Gottes ist ein grenzenloser Austausch im Inneren Gottes, eine immerwährende Selbsthingabe zwischen Vater, Sohn und Heiligem Geist. Der Vater gibt dem Sohn all seine Gottheit, und der Sohn schenkt dem Vater dies alles restlos zurück. Dieser wechselseitige Austausch ist vollkommen frei: frei von aller Furcht, sich zu verlieren, und frei von jeder Notwendigkeit, Gewalt anzuwenden, um das Böse zu überwinden. Die Hingabe ist ebenso vorbehaltlos und rückhaltlos wie der Austausch.*[44]

Nun ist ein Schatten noch lange nicht die Wirklichkeit. Aber in den Ritualen des Alten Testamentes, im Offenbarungszelt und im

---

[44] Vogelsang, Anton: Eintauchen in die Dreifaltigkeit Gottes, Köln, 2012, S. 157.

Tempel erhaschen wir einen Blick in die selbsthingebende Liebe der Dreifaltigkeit. Darin liegt die große Bedeutung des Zeltes und später auch des Tempels.

Dem heutigen Leser mögen die Opfer im Alten Testament schrecklich und grausam erscheinen. Die Juden waren sich aber bewusst, dass sie damit in die Gegenwart Gottes eintraten. Jeder männliche Jude sollte dreimal im Jahr nach Jerusalem pilgern. Das war für jeden ein Moment großer Freude.

> *Ich freute mich, als man mir sagte:*
> *Zum Haus des HERRN wollen wir gehen. (Ps 122)*

Das Leben der Dreifaltigkeit ist Realität. Die Rituale des alten Bundes waren nur ein Schatten dieser Wirklichkeit. Die Sakramente des neuen Bundes, die Jesus uns gegeben hat, liegen in der Mitte. Durch sie haben wir wirklich Anteil an der Realität des Himmels und nicht nur an einem Schatten. Dies geschieht aber nur durch den Glauben und die Zeichen der Sakramente.

Papst Johannes Paul II bezeichnete die heilige Messe als „Himmel auf Erden" und fügte hinzu: „Was wir auf Erden feiern, ist eine geheimnisvolle Teilnahme an der himmlischen Liturgie."[45] Diese Wahrheit findet sich auch im Katechismus wieder:

> *In der irdischen Liturgie nehmen wir vorauskos-*
> *tend an jener himmlischen teil, die in der heiligen*

---

[45] Johannes Paul II., Angelus vom 3. November 1996, 1., online verfügbar: https://w2.vatican.va/content/john-paul-ii/it/angelus/1996/documents/hf_jp-ii_ang_19961103.html (eingesehen am 22.08.2018, eigene Übersetzung).

DER BUNDESSCHLUSS AM BERG SINAI

> *Stadt Jerusalem, zu der wir pilgernd unterwegs sind, gefeiert wird, wo Christus zur Rechten Gottes sitzt, der Diener des Heiligtums und des wahren Zeltes [...]. (KKK 1090)*

In der katholischen Messe haben wir nicht nur an einem Schatten Anteil, sondern an der himmlischen Wirklichkeit selber. Deshalb ist die heilige Messe auch so wichtig. Wenn wir aber dieses Thema hier nun ausführen wollten, würde es den Rahmen dieses Buches sprengen. Wer mehr über die Bedeutung der heiligen Messe erfahren möchte, dem sei das Buch von Scott Hahn empfohlen: „Das Mahl des Lammes. Die Messe als Himmel auf Erden".

In den Kapiteln 28 und 29 des Buches Exodus werden detaillierte Anweisungen über die Priesterkleidung und die Rituale der Priesterweihe gegeben. Natürlich haben diese Beschreibungen eine tiefe symbolische und typologische Bedeutung. Weil aber das dritte Buch der Bibel, Levitikus, das Priesteramt tiefergehend behandelt, soll dieses Thema, so Gott will, im nächsten Buch über Levitikus aufgegriffen werden. Viele meinen, dieses dritte Buch der Bibel sei langweilig und äußerst schwer zu lesen. Wenn man aber einmal verstanden hat, dass es vom Priestertum handelt, kann es gleichwohl faszinierend sein.

Das Buch Exodus endet mitten in einer spannungsgeladenen Szene. Im letzten Abschnitt heißt es, dass Mose in das Offenbarungszelt eintreten will, es ihm aber nicht möglich ist.

> *Dann bedeckte die Wolke das Offenbarungszelt und die Herrlichkeit des HERRN erfüllte die Wohnung. Mose konnte das Offenbarungszelt nicht betreten, denn die Wolke wohnte darauf und die Herrlichkeit des HERRN erfüllte die Wohnung.*
> *(Ex 40,34-35)*

So mancher Leser stolpert über diese Bibelstelle. Was stimmt denn da nicht? Warum darf Mose nach all den Schwierigkeiten, die er zu meistern hatte, nicht eintreten, um Gott zu begegnen? Was muss er denn noch tun? Die Antworten auf diese Fragen werden im folgenden Buch Levitikus gegeben.

Ebenfalls bei **CATHOLIC** MEDIA *erschienen:*

CATHOLIC MEDIA

GENESIS
Ein Krimi mit Folgen

Wer dieses Buch liest, wird die Bibel mit Freude von Anfang bis Ende lesen ...

Die Bibel ist viel mehr als eine Sammlung von einzelnen Büchern. Sie ist ein zusammenhängendes Buch, das eine durchgehende spannende Geschichte erzählt.

Das vorliegende Buch erleichtert das Lesen und Verstehen. Entdecken Sie dabei die Genesis als hoch spannenden Einstieg in die Dramatik der Heilsgeschichte.

„Kann gar nicht mehr aufhören zu lesen. Das Buch kann ich nur weiterempfehlen."

„Dieses Buch eröffnet mir endlich einen Zugang zur Bibel. Es ist, als ob mir die Augen für den Sinn der Schrift endlich geöffnet wurden."

Taschenbuch | ISBN 978-3-939977-30-8 | **EUR 9,99**

Pater Anton Vogelsang LC ist 1967 als Sohn einer niederländischen Diplomatenfamilie in Brasilien geboren. Er studierte Mathematik an der Universität von Chicago und arbeitete bei der Software-Firma Oracle. 1993 trat er in die katholische Ordensgemeinschaft der Legionäre Christi ein. Nach seiner Priesterweihe 2001 in Rom ging er als Universitätsseelsorger nach Mexiko-Stadt. Seit 2010 ist er in Deutschland tätig.

CATHOLIC MEDIA · Justinianstraße 16 · 50679 Köln
Weitere Informationen und Bestellung: www.catholicmedia.eu oder Tel.: +49 (0) 221 880 439 0
E-Mail: bestellungen@catholicmedia.eu
CATHOLIC MEDIA – ein Apostolat der Legionäre Christi und des Regnum Christi

CATHOLIC MEDIA

EINTAUCHEN IN DIE DREIFALTIGKEIT GOTTES

Mit einem Vorwort von Pater Karl Wallner

Die Dreifaltigkeit ist die Weise, wie Gott zu uns in eine lebendige Beziehung tritt, sie ist das Urbild der Liebe. Wenn wir uns dieser Liebe anvertrauen, die Dreifaltigkeit nicht nur als Formel verstehen, verändert dies unser ganzes Leben.

Wer Gottes Dreifaltigkeit tiefer verstehen lernt, begreift und staunt darüber, dass Gott in seinem innersten Wesen eine „Beziehung" der Liebe führt – ein Impuls zur dankbaren Anbetung.

Taschenbuch
ISBN 978-3-939977-28-5 | **EUR 9,99**

Pater Anton Vogelsang gibt in diesem Buch einen Überblick über die Geschichte der Trinitätslehre, die jeder gebildete Laie verstehen kann. Ohne sich in Detailfragen der Theologie zu verlieren, zeigt er aus seiner Praxis als Seelsorger, wie jeder Christ in der Liebe des dreifaltigen Gottes stark werden kann.

CATHOLIC MEDIA · Justinianstraße 16 · 50679 Köln
Weitere Informationen und Bestellung: **www.catholicmedia.eu** oder Tel.: +49 (0) 221 880 439 0
E-Mail: bestellungen@catholicmedia.eu
CATHOLIC MEDIA – ein Apostolat der Legionäre Christi und des Regnum Christi

CATHOLIC MEDIA

Vorhang auf für den Himmel

Ein neugieriger Blick ins Paradies

Klaus Einsle LC

> „Ich habe „Vorhang auf für den Himmel" in einer Nacht durchgelesen; meine Frau danach auch. Wir sind versöhnt. Alles ist gut. Unserem Sohn geht es gut und wir freuen uns, ihn wieder zu sehen."
>
> von einem Ehepaar aus Kempten, das den 18-jährigen Sohn bei einem Verkehrsunfall verloren hat

> „In den Wochen, bevor Mama gestorben ist, habe ich ihr immer wieder aus dem Himmelsbuch vorgelesen. Auch in der Nacht, in der sie gestorben ist. Das hat so viel Frieden ausgestrahlt."
>
> Stefanie K. (24) aus dem Rheinland

> „Endlich ist die Trauer und die Bitterkeit aus meinem Herzen verschwunden. Ich habe Gott Vorwürfe gemacht, weil er mir meinen Mann genommen hat. Aber nun bin ich im Frieden. Danke für dieses wunderbare Buch."
>
> Frau aus dem Münsterland, deren Mann durch eine schwere Krankheit mit 56 Jahren verstorben ist

Taschenbuch | ISBN 978-3-939977-29-2
288 Seiten | **EUR 9,99**

CATHOLIC MEDIA · Justinianstraße 16 · 50679 Köln
Weitere Informationen und Bestellung: **www.catholicmedia.eu** oder Tel.: +49 (0) 221 880 439 0
E-Mail: bestellungen@catholicmedia.eu
CATHOLIC MEDIA – ein Apostolat der Legionäre Christi und des Regnum Christi

CATHOLIC MEDIA

Das ganz normale Wunder

100 Glaubenszeugnisse
von katholischen Priestern

Mit einem Vorwort von Joachim Kardinal Meisner

100 Priester aus der ganzen Welt erzählen von den Wundern, die sie in ihrer Arbeit erleben: in der Metropole und dem abgelegenen Dorf, mit dem Unternehmer und dem Aidskranken, im Krieg und im Gefängnis. Eine fesselnde Wirklichkeit, die in keiner Tageszeitung zu finden ist. Lesen Sie die Zeugnisse derer, die ihr Leben für Jesus Christus geben. Lassen Sie sich berühren von einem Gott, der auch in unserer Zeit wirkt.

Taschenbuch
ISBN 978-3-939977-33-9 | **EUR 9,99**

herausgegeben von
Thomas M. Gögele LC
und Valentin Gögele LC

CATHOLIC MEDIA · Justinianstraße 16 · 50679 Köln
Weitere Informationen und Bestellung: www.catholicmedia.eu oder Tel.: +49 (0) 221 880 439 0
E-Mail: bestellungen@catholicmedia.eu
CATHOLIC MEDIA – ein Apostolat der Legionäre Christi und des Regnum Christi